我肯定的
緒清理練習

化心理、轉念思考的練習，結合腦科學原理，
下界限、保持身心安定的自我照護提案

中島輝——著

蔡麗蓉——譯

人生が変わる!
自己肯定感を高める
心のセルフケア大全

✨前言

內心感覺「不太對勁」的求救信號

冒昧地請教大家：你會隨時關心自己過得好不好嗎？

「心裡總是亂亂的，一直惴惴不安。」

「每天早上都爬不起來，提不起精神。」

「和人說完話後，會莫名覺得心好累。」

雖然情況不嚴重，可是內心總是靜不下來，一直覺得哪裡怪怪的，「和平常的自己不太一樣」的時候，說不定就是你的內心正在向你尋求協助的求救信號。

內心會出現這樣的變化，原因可能是「自我肯定感」起變化了。所謂的自我肯定感，就是能夠如實接受自己的感覺，總而言之，**就是能讓人活下去的心靈能量。**

自我肯定感低迷的時候，任何想法及行動都會變得消極，凡事都容易負面思考。不敢面對自己的壓力以及身心狀態，不去理會自我肯定感低落的問題，將無法從痛苦的日子裡得到解脫。想在現代這個充滿壓力的社會中求生存，提升自我肯定感，就必須具備自我掌控壓力及負面情緒的能力。

本書將為大家介紹有助於提升自我肯定感的各種自癒練習，關鍵在於每天養成習慣，好好關心自己的心理健康。如此一來，才能擁有穩定的心理素質克服所有難關，讓每一天的生活都變得很幸福。

心理諮商師
中島輝

contents

CHAPTER 1

清理不安情緒的轉念思考練習

CHAPTER 2

提升自信的心理強化練習

CHAPTER 3 脫離容易受傷的相處模式，拒絕有毒的人際關係練習

CHAPTER 4

修復疲憊身心的日常保養

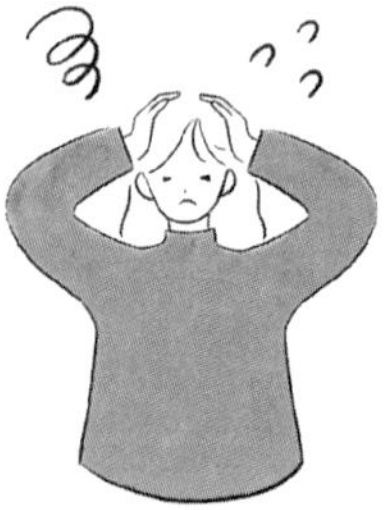

CHAPTER 5 打造滿足感的快樂生活提案

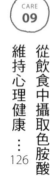

CHAPTER 6

立刻提升正能量的12個習慣養成

如何閱讀本書

本書彙整的自癒法，有助於提升自我肯定感，希望每個人都能從日常做起。大家可以依序閱讀，也可以從感興趣的章節開始讀起，並請按照每頁的重點靈活運用。

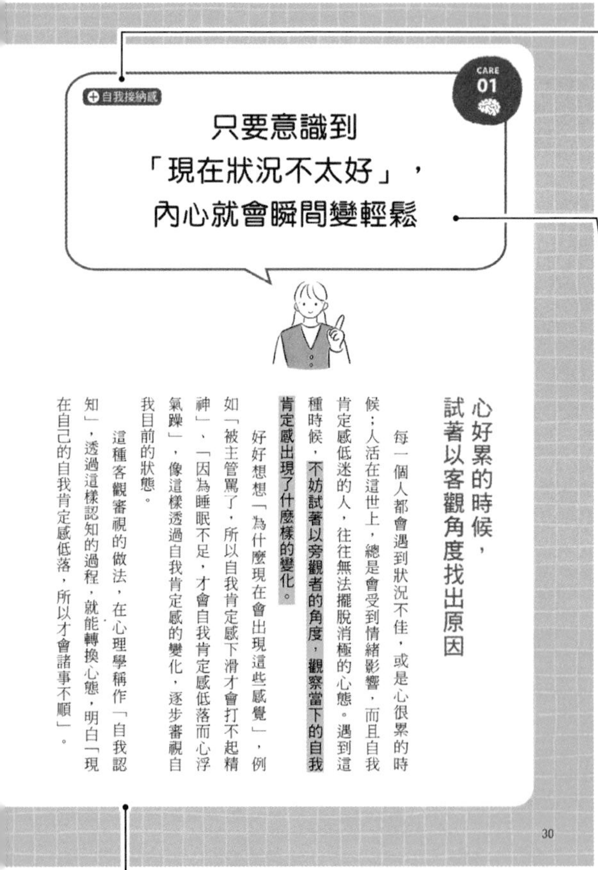

自我肯定感接納感

CARE 01

只要意識到
「現在狀況不太好」，
內心就會瞬間變輕鬆

心好累的時候，
試著以客觀角度找出原因

每一個人都會遇到狀況不佳，或是心很累的時候；人活在這世上，總是會受到情緒影響，而且自我肯定感低迷的人，往往無法擺脫消極的心態。遇到這種時候，**不妨試著以旁觀者的角度，觀察當下的自我肯定感出現了什麼樣的變化。**

好好想想「為什麼現在會出現這些感覺」，例如「被主管罵了，所以自我肯定感下滑才會打不起精神」、「因為睡眠不足，才會自我肯定感低落而心浮氣躁」，像這樣透過自我肯定感的變化，逐步審視自我目前的狀態。

這種客觀審視的做法，在心理學稱作「自我認知」，透過這樣認知的過程，就能轉換心態，明白「現在自己的自我肯定感低落，所以才會諸事不順」。

30

自我肯定感類型

立即看出該篇屬於構成自我肯定感「六感」中的哪一感。關於「六感」的說明，請參閱〈打造「自我肯定」的關鍵六感〉。

自癒的方法

說明自癒法的主題。只要看到這裡，就能了解大致的內容。

概要

包含例證的具體解說。了解理由及背景之後，就會明白自癒法有多重要。

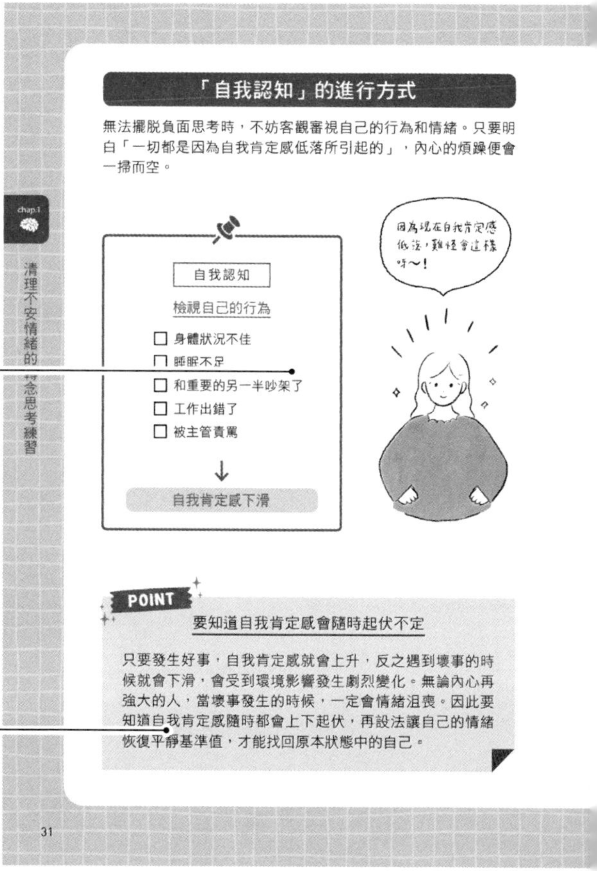
「自我認知」的進行方式

無法擺脫負面思考時，不妨客觀審視自己的行為和情緒。只要明白「一切都是因為自我肯定感低落所引起的」，內心的煩躁便會一掃而空。

chap.1

清理不安情緒的轉念思考練習

自我認知

檢視自己的行為

- ☐ 身體狀況不佳
- ☐ 睡眠不足
- ☐ 和重要的另一半吵架了
- ☐ 工作出錯了
- ☐ 被主管責罵

↓

自我肯定感下滑

因為現在自我肯定感低落，難怪會這樣呀～！

POINT

要知道自我肯定感會隨時起伏不定

只要發生好事，自我肯定感就會上升，反之遇到壞事的時候就會下滑，會受到環境影響發生劇烈變化。無論內心再強大的人，當壞事發生的時候，一定會情緒沮喪。因此要知道自我肯定感隨時都會上下起伏，再設法讓自己的情緒恢復平靜基準值，才能找回原本狀態中的自己。

31

圖解

透過插畫，簡明扼要地解釋主題。即使尚未細讀「概要」，光看圖解也能理解主要重點。

point、advice、column

關於主題的補充內容，以point、advice、column 三種形式刊載。

序章

打造「自我肯定」的六大感受

一直都很積極正向，
並不代表「自我肯定感」就很高。
所謂的自我肯定感，是心裡出現這樣的感覺：
「我能活出自我」、「能接受自己所有的缺點」。
本章會先介紹自我肯定感的基本概念，
並針對自我肯定感提升後的好處，
以及自行檢測自我肯定感強弱的方法，
逐一為大家進行解說。

INTRODUCTION

01

「自我肯定感」是決定生活品質的關鍵

自我肯定感就是認同自己、如實接受自己的感覺。

自我肯定感高的人，就能夠認同「做自己就好」，所以就算有缺點，也可以接受自己而不會否定自己。就算能力不出眾，或是比不過別人，依然能夠認同「自己的價值」。

反觀自我肯定感偏低的人，他們對自己缺乏自信，認為自己「凡事都做不好」、「一無是處」，每件事都容易負面思考。自我評價低又缺乏自信，因此找不到自己存在的價值。

如前所述的自我肯定感，可以想像成〈打造「自我肯定」的關鍵六感〉的自我肯定感之樹，自我肯定感高漲的時候，樹木會向地下深處扎根，枝繁葉茂，大量開花結果。當自我肯定感低迷時，樹木會生長不良，甚至枝幹斷裂。總而言之，自我肯定感如同生命能量一般。

自我肯定感的高低狀態，會直接關係到一個人的生活，能使人過得「輕鬆愉快」或是「艱難辛苦」，同時也會嚴重影響情緒、思維、判斷力等，因此才有必要提升自我肯定感。

INTRODUCTION

02

自我肯定感低的人，無法為自己而活

許多自我肯定感偏低的人，過去都有過悲慘的經驗，或是生長在缺乏愛的家庭環境之中。像是童年很少被父母誇獎的小孩，由於沒有人認同他們，所以當他們長大成人後，往往會認為「自己沒有存在的價值」。

還有一直被拿來與兄弟姐妹或其他人做比較，經常感到自卑的小孩，會讓他們覺得「自己很沒用」，成長過程中自我肯定感總是十分低落。過去遇到的挫折及失敗形成的創傷，以致於喪失自信的例子非常多。

這樣的人會時時刻刻在意別人的眼光，總是感到心很累。只要被人拒絕，就會自我否定，充滿自我厭惡感；情緒方面也會變得不穩定，每天懷疑不如意的事全是自己害的。

反之，自我肯定感偏高的人並不會在意他人眼光，遭受批評也不會因此動搖；就算被人拒絕，也會當作自己還有改善的空間，轉化為成長的契機。即使發生倒霉事，也能用堅強的意志力加以克服，享受人生。因此自我肯定感越高，人生就會更精采更快樂。

INTRODUCTION

03

可以靠後天提升的自我肯定練習

縱使長大成人後自我肯定感低落，還是能從現在開始練習提升。

為了提升自我肯定感，我們必須不斷思考、養成習慣、累積人生經驗，這樣才能建立自信。過去從來不覺得「自己沒問題」、「受到大家重視」的人，當你隨時都能深切體會到這種感覺之後，自我肯定感就會逐漸提升。

這種情形可從大腦運作機制加以說明，大腦內部在處理訊息時，有一個所謂的「網狀活化系統（reticular activating system，RAS）」會發揮重要功能，每天持續培養自我肯定感，就能夠敏銳察覺如何提升這種感受。如此一來，大腦也會開始去探尋「對自己有益的事」，當思維及情緒產生變化後，判斷力會變好，越來越懂得如何做選擇，以自己為重。

只不過，自我肯定感並不會突然變高，重點還是要一步一步來。從小事開始做起，這樣對事情的思考模式及認知方式才會逐步發生變化，自我肯定感才會慢慢提升，逐漸有機會得以擁有快樂的人生。

INTRODUCTION

04

「自我肯定感」高低程度檢測

培養自我肯定感之前，先來檢視一下自己的自我肯定感究竟是高還是低。請回答左頁診斷表上的問題，就能了解自己現在的狀態。就算診斷結果顯示你的自我肯定感低迷，也不必放在心上。好好閱讀並實踐本書的自癒法，就能使自我肯定感上升。診斷出來的結果和一般人差不多，或是比一般人好的人，請努力維持，繼續培養自我肯定感。

自我肯定感診斷表

在下述 10 個問題中，符合描述時請打勾。

		CHECK
1	早上容易賴床，就算已經醒來，還是起不了床	□
2	很在意社群上的「按讚數」比親朋好友少	□
3	在職場、學校或家裡被人提醒一些事項後，經常會感到沮喪，覺得「自己很差勁…」	□
4	常說負面的口頭禪，例如「真討厭」、「好辛苦」、「好想消失」、「累死了」	□
5	沒有男朋友或女朋友就會感到不安	□
6	常以別人的希望為優先，比較不會顧到自己，很多時候都無法拒絕別人的請求	□
7	挑衣服時猶豫不決，很花時間	□
8	每天忙個不停，對於健康及打理外表不太感興趣	□
9	只要別人沒按照自己的意思去做，就會感到心浮氣躁	□
10	對於某個突發事件會一直覺得有罪惡感	□

10 個問題裡有 0～2 題打勾的人，代表自我肯定感偏高，有 3～5 題打勾的人，自我肯定感與一般人差不多，有 6 題以上打勾的人，就自我肯定感偏低。

INTRODUCTION

05

打造「自我肯定」的關鍵六感

「自我肯定」是由「關鍵六感」構築而成，包含①自我尊重感、②自我接納感、③自我效能感、④自我信賴感、⑤自我決定感、⑥自我有用感。

如左頁所示，將自我肯定感想像成一棵樹，「六感」總是相互扶持，當某個部分受到劇烈搖晃時，一定會造成影響，導致自我肯定感下滑，當發生這種感受時，試著留意看看，是六感中的哪一樣有所動搖了。

自我肯定感之樹

將自我肯定感比喻成一棵大樹，會更容易理解。以下將說明「六感」的不同功能及其相關性。

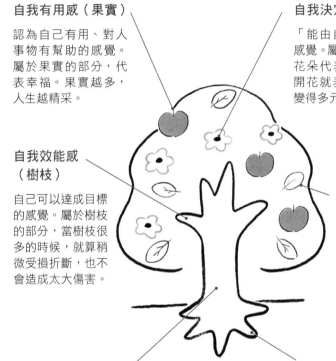

自我有用感（果實）

認為自己有用、對人事物有幫助的感覺。屬於果實的部分，代表幸福。果實越多，人生越精采。

自我決定感（花朵）

「能由自己做決定」的感覺。屬於花朵的部分，花朵代表主體性，因此開花就表示人生的選擇變得多元化。

自我效能感（樹枝）

自己可以達成目標的感覺。屬於樹枝的部分，當樹枝很多的時候，就算稍微受損折斷，也不會造成太大傷害。

自我信賴感（樹葉）

可以相信自己的感覺。屬於樹葉的部分，相信自己就能得到越多養分，樹葉便會生長茂盛。

自我接納感（樹幹）

如實認同自己的感覺。屬於樹幹的部分，一個人的軸心；樹幹越粗壯，表示內心堅強。

自我尊重感（樹根）

感覺自己有存在的價值。屬於氣根的部分，扎根越深，越能擁有一顆不易受挫的心。

CHAPTER 1

清理不安情緒的
轉念思考練習

想要提升自我肯定感，
首先要讓負面思考轉為正面思考，
關鍵在於遠離負面情緒。
尤其最重要的是「客觀地審視自己」。
自我肯定感低迷時，
若能從高處俯瞰自己，
就能避免心情劇烈起伏，
進一步了解並掌控自我真實的情緒。

CARE 01

自我接納感

只要意識到「現在狀況不太好」，內心就會瞬間變輕鬆

心好累的時候，試著以客觀角度找出原因

每一個人都會遇到狀況不佳，或是心很累的時候；人活在這世上，總是會受到情緒影響，而且自我肯定感低迷的人，往往無法擺脫消極的心態。遇到這種時候，**不妨試著以旁觀者的角度，觀察當下的自我肯定感出現了什麼樣的變化。**

好好想想「為什麼現在會出現這些感覺」，例如「被主管罵了，所以自我肯定感下滑才會打不起精神」、「因為睡眠不足，才會自我肯定感低落而心浮氣躁」，像這樣透過自我肯定感的變化，逐步審視自我目前的狀態。

這種客觀審視的做法，在心理學稱作「自我認知」，透過這樣認知的過程，就能轉換心態，明白「現在自己的自我肯定感低落，所以才會諸事不順」。

「自我認知」的進行方式

無法擺脫負面思考時，不妨客觀審視自己的行為和情緒。只要明白「一切都是因為自我肯定感低落所引起的」，內心的煩躁便會一掃而空。

自我認知

檢視自己的行為

- ☐ 身體狀況不佳
- ☐ 睡眠不足
- ☐ 和重要的另一半吵架了
- ☐ 工作出錯了
- ☐ 被主管責罵

↓

自我肯定感下滑

POINT

「自我肯定感」會隨時起伏不定

只要發生好事，自我肯定感就會上升，反之遇到壞事的時候就會下滑，會受到環境影響發生劇烈變化。無論內心再強大的人，當壞事發生的時候，一定會情緒沮喪。因此要知道自我肯定感隨時都會上下起伏，再設法讓自己的情緒恢復平靜基準值，才能找回原本狀態中的自己。

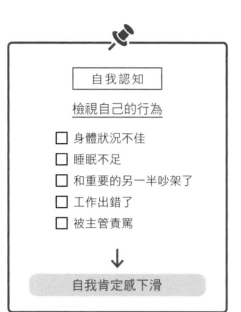

自我尊重感

CARE 02

別總是想要克服過去的創傷，先放著不管也可以

切割過去後，自然會遺忘

人生避免不了失敗和挫折，倘若挫敗感在事過境遷之後總是揮之不去，自我肯定感永遠都無法提升。過去的挫敗經驗不但忘不了，有時還會讓人痛心疾首，一想到「會不會又失敗了」，就會讓人停下腳步，不敢邁出新的一步。在這種狀態下，你的自我肯定感只會一路下滑。

解決這種處境的做法，就是先置之不理。不管想再多，無論有多煩惱，都無法改變過去。要讓自己接受「過去的事已經於事無補」，只要別去理會，靜待事情過去即可。**當自己的內心接受事實之後，總有一天能逐漸遺忘。**

請大家放心，先放著不管也是可以的！

過去的創傷和自卑感就是主要原因

自我肯定感低迷最主要的原因，其實是過去的創傷，還有與別人比較之後衍生的自卑感。這些感覺並不會一下子就消失，因此當心中仍殘留這些感覺時，請想像自己用了一面牆或一扇門加以阻隔，別理會就好。

POINT

「情境再現」時，好好體會情緒的變化

突然想起或是夢見「強烈衝擊和創傷經驗」的現象，稱作「情境再現」，通常容易在自我肯定感低迷時發生，行為表現也會變得不理想。受到情境再現影響的時候，請用客觀的角度看待情緒起伏，告訴自己「歷史又重演了」，用一派輕鬆的心態接受事實，能有效避免內心受到嚴重打擊。

CARE 03

自我接納感

透過「自我認知」分析失敗，就能往下一步邁進

用第三者的觀點審視自己

遭逢失敗的時候，你會陷入怎樣的情緒？你是那種心裡想著「無所謂，反正船到橋頭自然直」，還是懊惱「為什麼自己會這麼差勁」的人？乍看之下前者似乎比較正面思考，自我肯定感偏高，但是面對失敗卻無法內省的人，很容易重蹈覆轍。

不過，像後者這樣一味責怪自己的過錯，自我肯定感並不會因此提高，事情也無法順利進展。

要讓失敗成為成功之母，最有效的做法就是參考〈只要意識到「現在狀況不太好」，內心就會瞬間變輕鬆〉的「自我認知」。用俯瞰的角度，客觀審視自己的言行舉止及思考模式。**冷靜地觀察自己，分析失敗的原因，了解該怎麼做才不會失敗**，爾後就會開始懂得如何深入了解自己的一切。

讓失敗成為成功之母的自我認知三步驟

讓今天的挫敗，轉變為日後成功的養分！透過客觀的「自我認知」三步驟，避免因失敗而陷入情緒低迷不振的泥淖。

STEP1

提出疑問與反省

「為什麼不能像別人一帆風順？」
「因為我不擅長有關○○的工作。」

→誠實面對自己的煩惱及情緒，提出「為什麼」、「怎麼辦」的疑問，再舉出可能的原因。

STEP2

反向思考

「因為我做事比別人更加謹慎？」

→提出與 SETP 1 反向思考的答案。回想自己努力的過程以及曾受到誇獎的事情，促進正向思考。

STEP3

改善的方法

「我需要一段時間才能熟悉工作，一開始先慢慢來。」

→在 SETP 2 找出自己的弱點後，接著要改變想法，想想看有沒有「拿手的事」。幫助自己不再糾結於失敗，往下一步邁進。

POINT

理解每個人都會有的正常情緒

想用寬廣的角度看待事情，理解人類的特性也是很重要的事。舉例來說，站在多數人面前時，每個人都會感到緊張，這是人的特性。不了解每個人都會有這項特性的人，往往會設法讓自己不要緊張，但這並不是件容易的事。其實，最重要的應該是設法在緊張的狀態下，還是能夠拿出好的表現。

CARE 04

自我接納感

失敗後感到痛苦時，寫「檢討筆記」停止自我否定

將負面情緒的表現寫下來

遭遇失敗或發生不如意的事情時，往往會不由自主責怪自己，自我否定的情緒也會越高漲，變得難以自拔，最終會使人無法冷靜判斷，落入非理性的思考。

其實修正這種負面情緒及思維最好的方法，就是寫「檢討筆記」。這是一種全世界通用的認知治療法，**具體做法是回顧產生負面情緒的當下，將時間、地點、人物、事情經過和當時的心情寫下來。**

反覆進行認知治療法之後，就能歸納出負面情緒出現時會有什麼行為。如此一來，就能察覺自己「似乎陷入自我否定的情緒裡了」，才能開始修正方向，使自我肯定感向上提升。

清理不安情緒的轉念思考練習

「檢討筆記」的建議事項

了解負面情緒出現時，自己會有什麼樣的行為和想法，才能防止自動化思考（Automatic Thoughts）。

什麼是自動化思考？

發生突發事件時，會出現與個人意識無關的想法，稱作「自動化思考（Automatic Thoughts）」。當自我肯定感低迷的時候，更須要留意，例如被主管稍微提點時，就會陷入負面思考，認為自己「很差勁」，立刻出現非理性的想法。有鑑於此，必須要對情緒及思維做出正確的判斷。

透過「檢討筆記」，檢視自動化思考的情形

Check1 何時會感到負面情緒？

起因？
時間？
地點？
人物？
事情經過？

> 反覆練習之後，就會明白負面情緒出現時有什麼樣的 SOP！

Check2 此時會想起什麼事情？

CARE 05

自我效能感

苦於不安與恐懼的情緒時，試著專注於「當下」

別受困於未來的不安，關注眼前的情緒

為什麼內心會忐忑不安，時而被恐懼所籠罩呢？「說不定又要被罵了」、「我已經不行了……」——這些不安情緒，都是對無法掌握的未來感到不安。

想要解決這些不安情緒，最重要的就是專注於「當下」。有一個具體的做法，就是當你感到不安及恐懼時，可以聞一聞香氛精油的香氣。香氣會瞬間傳遞至大腦五感，能立即使人脫離不安及恐懼的感覺。

另外，也可以先做一些自己喜歡的事情或是和朋友聊聊天，**從事「現在會讓人感到快樂」、「現在會令人平靜下來」的事。**這樣一來你就會發現，對抗還未發生事件的不安及恐懼根本是毫無意義的。關鍵在於要讓自己察覺到「當下」，並專注於此。

如何運用香氛精油克制不安及恐懼情緒

香氣會直接傳達至腦部，因此當情緒無法立即平靜下來時，不妨借助香氛精油的力量。

直接用鼻子聞香氛精油的氣味

感到不安及恐懼時，打開香氛精油的瓶子直接用鼻子聞一聞。讓注意力集中在香氣上，使情緒逐漸平靜下來。

包包裡放香氛精油備用

工作外出時，不妨帶著 1、2 瓶香氛精油出門。隨身攜帶喜愛的香氛精油，就能依心情及需求聞一聞香氣。

擦在脖子上

想要長時間享受香氣的時候，將精油滴幾滴在面紙後擦在脖子上，就能染上香氣（精油擦在體溫高的脖子上，香氣會很容易擴散開來）。

POINT

安定情緒、提振精神的柑橘類精油

各種香氛精油中，非常推薦大家使用柑橘類精油。柑橘精油和香橙精油的香氣，具有使人煥然一新的效果，被突如其來的不安和恐懼占據內心時，效果尤其顯著。

CARE 06

自我接納感

感到不安及焦慮時，試著將負面情緒數值化

透過數字客觀審視情緒並加以掌控

情緒量表（Emotional scale）是一種用來掌控不安、焦慮、憤怒、後悔等負面情緒的方法。

第一步，先回想以往經歷過最強烈的負面情緒，並將當時的情緒強度設定為最大值「10」，再感受一下現在的情緒數值，與之相較為何。**只要想到「和那時候相比根本不算什麼」，負面情緒就會減少許多。**即便數值不相上下，數值化本身也有其意義所在。

經研究證實，當負面情緒越多時，大腦杏仁核的運作會變得活躍，藉由數值化的過程，客觀地審視負面情緒，將能抑制杏仁核的活動，進而掌控負面情緒。

試著將不安的情緒數值化

將負面情緒依程度設定為 1（弱）到 10（強），再將現在感受到的情緒數值化，就能夠好好正視憤怒、悲傷、後悔等這類的負面情緒。

HIGH

因為自己的疏失，害公司承受巨大損失

NORMAL

行程安排不當，造成客戶的困擾

LOW

最近工作常出錯，被主管警告了

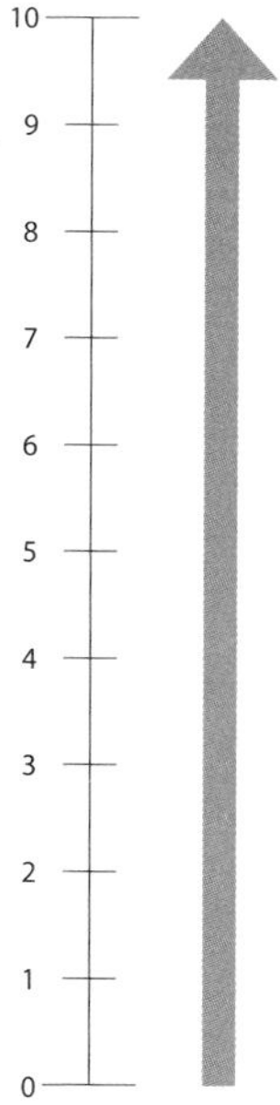

將過去人生中最痛苦消極的時刻，設定為「10」。將負面情緒數值化之後，就能妥善掌控情緒。

POINT

試著將喜怒哀樂的情緒數值化

除了負面情緒之外，當情緒動搖時，也可以試著將情緒起伏程度數值化。無論是自我肯定感高漲、感覺狀況不錯的時候，或是在一般的狀態下，都很建議大家將情緒的數值記錄下來，這樣不但有助於客觀審視自己，而且在任何時候都能理解自己的情緒並加以克服。

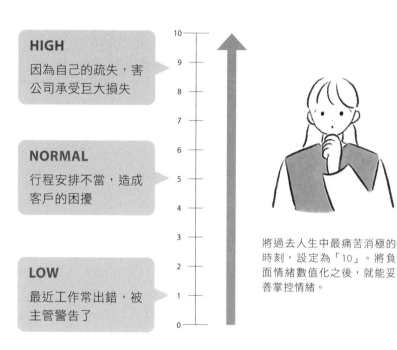

CARE 07

自我尊重感

嫉妒別人時，轉換立場確認自己的真心想法

感到嫉妒時要換位思考

嫉妒心有時會激勵自己，但是羨慕再努力也做不到的事，只會消磨一個人的鬥志。心生嫉妒的時候，請試著傾聽內心的聲音，看看這樣的心情是不是來自真心。

有時候情緒會欺騙內心，以滿足自己的欲望，想要驗證嫉妒心理是否出自真心，需要站在對方的立場思考看看。例如「羨慕朋友的另一半收入高」時，不妨想想看「假如是自己的話，有何感受」。雖然物質富裕，但是伴侶的工作忙碌，平時說不定根本說不上幾句話。仔細想想，這種生活值得羨慕嗎？如此一來就會明白，這種嫉妒心理並非出自真心，感覺也會逐漸轉淡。

如何因應各種嫉妒心理

有三種簡單的思考方式，讓你在人際關係、愛情、工作上感到嫉妒或自卑時，使情緒能快速地平靜下來。

① 朋友間的嫉妒心

在社群媒體上看見朋友開心的模樣而感到嫉妒時，想想看假設自己在那個地方的話會如何。想像自己會不會也和朋友開心地度過那段時間，這樣就能明白什麼時候才是自己最重要的時刻。

② 愛情裡的嫉妒心

看見喜歡的人和別人在一起的當下，任誰都會心生嫉妒。這時候要想，如果真的和對方交往了，說不定會有很多煩惱（不如想像中美好、會有爭執衝突等），用正向心態看待自己的情況。

③ 工作上的嫉妒心

有時候在職場上，會因為表現不如同事而感到懊悔，甚至嫉妒對方的實力。這種時候，試著想像一下對方肩負的責任及身處的環境，想想看「自己要是處於相同立場，會有多辛苦啊」。

CARE 08

自我接納感

焦躁情緒高張時，將心情全寫在筆記上

找出心浮氣躁的原因，寫下來同時整理情緒

大家是否曾經在心浮氣躁時，不自覺地將焦躁情緒表露出來？就算沒有直接出氣在周遭人身上，卻會大口嘆氣、咬嘴唇、粗魯對待物品的話，周圍的人也會感染到你的心浮氣躁，身旁的人對你會過度謹慎，小心翼翼地避免密切接觸。這樣子對你來說，絕對沒有幫助。

焦躁情緒越來越強烈的時候，請將時間、地點、引發焦躁的人事物、採取哪些行動、抱持何種態度全部寫在筆記上。**當自己的情緒及行動完全視覺化之後，就會明白將焦躁情緒表現出來會有哪些缺點。**等到情緒整理好了之後，就能將心裡的垃圾處理乾淨。

將負面情緒寫出來

遇到討厭的事，心情無法平靜時，請試著將心情寫在筆記上。按照下 ① ② ③ 的順序寫出來後，就能使情緒平靜下來。

① 發生什麼事？

把生氣的內容詳細寫下來：將發生這件突發事件的經過逐一寫出來，想到什麼就直接化為文字。

② 生氣的原因？

回想一下當時為什麼會生氣：想想看事情會變成這樣的原因，以及事情轉變的關鍵等。

③ 受到什麼影響，做出哪些行為？

回顧一下因為②的原因受到那些影響，做出哪些行為。正視憤怒的原因，才能冷靜看待突發事件。

ADVICE

寫完後，也可以撕下來丟掉！

負面情緒寫完之後，將筆記上的那一頁撕碎，或隨意揉成團再丟進垃圾筒裡，如此一來心情就會感到舒暢許多。丟進圾垃筒裡的行為，會成為切割一切的開關，讓人從負面情緒獲得解放。

CARE 09

自我決定感

用表單分析找出問題來源，排解不安情緒

只須專注在「出於自己」的問題就好

假如你苦於某些煩惱，試試看「課題分離」的方法。首先提出現在面臨所的困擾，釐清這是自身或是他人的問題。

舉例來說，假設同事經常請假而波及到你的工作。你因工作量增加無法準時下班，於是想加班趕工作時，主管卻告誡「盡量不要加班」，導致你懷疑自己能力不足而心情低落。

但是仔細想想，「需要加班」是因為同事經常請假，導致工作量增加，並非你的能力不好。像這樣將「課題分離」之後，就會明白責任歸屬，才能將「獨自煩惱也無法解決」且屬於他人的問題切割開來。

清理不安情緒的轉念思考練習

解決煩惱，首先要知道問題在誰身上

在工作、人際關係或家庭上遇到煩惱，面臨某些課題時，不妨參考以下做法，釐清這些問題的真正責任歸屬。

有哪些問題和煩惱？

將現在面臨的問題或煩惱，用條列的方式寫下來。

這是誰的問題？

將這些課題及煩惱，區分來源為「自己／對方／共同」，釐清責任歸屬。

例）交派給部屬的專案，工作進度延遲　➡　對方（部屬）的課題

例）工作做不完，一直在加班　➡　共同的課題

例）擔心工作進展不順利　➡　自己的課題

POINT

「共同的問題」需要大家一起找出解決方法

很難釐清是因為誰而產生的問題時，由於責任歸屬模棱兩可，就會造成問題。此時應視為共同的課題，最好由自己提出來討論或請對方一起好好商議。

你是否會因來自他人的問題而分心？專注在自己的問題上，減輕內心負擔吧！

CARE 10

⊕自我決定感

大聲說出「我受夠了！」瞬間切換負面情緒

用一句話按下「抽離情緒」的開關

你是否曾經感覺自己又蠢又糟糕還很廢呢？不管怎麼做都無法擺脫煩惱，凡事都不如意的時候，請試著大聲說出：「我受夠了！」這種手法稱作「認知脫鉤」（defusion），也是屬於心理治療的一環。「Fusion」意指「融合」，「認知脫鉤」是讓錯綜複雜的情緒放鬆下來，加以抽離的方法。

「認知脫鉤」的關鍵在於大聲說出來，盡可能加上旋律，運用所謂「歌唱法」的技巧，像歌詞一樣唱出來：「♪我～已經受夠了～」邊唱還能邊笑出來的話，代表這個脫鉤十分成功，笑出來的當下會擺脫負面情緒，就能轉換心情。

擺脫不安情緒的方法

推薦大家大聲說出來，好好轉換心情。當陷入負面情緒、鑽牛角尖的時候，運用「認知脫鉤」的手法，重新掌控自己的情緒。

被不安及煩惱纏身難以擺脫時，試著大聲說出：「我受夠了！」盡可能開心地邊走邊像唱歌一樣唱出來的話，更能進一步擺脫負面情緒。

POINT

試著刻意開口將不安的情緒說出來

十分推薦大家將不安的情緒開口說出來。例如開口說：「我好弱」然後在腦海中反覆回想「我好弱」這句話，接著馬上加上一句「我察覺到我有這樣的感覺」。重點必須在走路的同時，或是一邊做快樂的事情時一邊說出來。

CARE 11

自我效能感

注意到「時間終將會過去」，度過當下的辛苦時刻

相同狀況不會一再發生，將當下的自己切割開來

當人一直到處碰壁時，越容易出現負面思考，覺得自己「再這樣下去可能無法擺脫困境」。但是不管是人類的歷史或人生，相同狀況並不會一而再、再而三發生。就算現在過得不如意，往後未必也會不如意，沒必要讓尚未發生的未來充斥負面思考而故步自封。

如果你現在正面臨困境，不妨想像自己「如今雖然身處黑暗隧道裡，但終將能見到出口」。像這樣意識著將時間的流逝與當下的自己完全切割，稱作「穿越時間」。使現在與未來各自獨立，才能朝向理想的未來邁進。記住，「今日身處谷底，日後唯一的路就是往上爬」。

想像人在黑暗隧道裡

遭遇重大難關，或是日子過得不如意處境艱辛時，要提醒自己專注在「穿越時間」上。

時間總是不停流逝。就算現在處境艱辛，但是明天未必不會撥雲見日。痛苦的時候，要想像著即將從黑暗隧道迎向光明，想像著光明的未來，再辛苦也能保有關鍵六感中的「自我效能感」。

POINT

客觀看待時間的過去、現在、未來

穿越時間，就是用第三者的角度看待過去、現在、未來的時間流逝。一般會將時間的流逝想像成一條線，想像自己現在位於中心位置，過去位在左側，未來位於右側，就會覺得時間一直在持續流逝。

CARE 12

自我效能感

難過時，試著從高處俯瞰一切

開拓的視野，會感覺煩惱變得渺小

身陷煩惱苦悶的情緒時，往往只會注意到痛苦的事情，但是若刻意將目光擺在高處的話，有時會有減輕痛苦的效果。像這樣用俯瞰的角度觀察事情，就是〈只要意識到「現在狀況不太好」，內心就會瞬間變輕鬆〉所說的「自我認知」。

話雖如此，有時候人還是難以掙脫負面情緒，無法輕易做到改變目光的角度。此時，建議大家實際前往位在高處的地方，**從展望台或高樓大廈往下俯瞰寬闊的景色，就能切實感受到自己的存在有多渺小。**見到廣大的世界，一定會察覺到自己受困於微不足道的價值觀中，說不定會覺得「為這種事情煩惱實在很傻啊……」。

實際站上位於高處的地方

實際前往很高的地方，由高處俯瞰風景，能提升自我效能感。感到痛苦的時候，或是感到自我肯定感下滑時，十分推薦大家試試這個方法。

自我肯定感下滑時，不妨實際到展望台或是飯店高樓層等很高的地方。見到廣大的景色，視野自然就會變寬闊，能讓嚴重惱人的心事變得微不足道。

ADVICE

看看世界地圖，也有相同的效果

不敢站上展望台這種高處場所的人，也可以看看世界地圖或地球儀。首先要意識到自己身處的地方，再慢慢地將視野擴展至全世界。與廣大的世界相較之下，就會切實感受到現在的自己有多渺小，視野就會變寬廣。

CHAPTER 2

提升自信的心理強化練習

在這一章的內容，
會提出幾個做法簡單的自癒練習，
克服不安、恐懼、自卑等心理問題。
培養自信，就能使受傷的心逐漸恢復。
此時最重要的，
就是養成「保持自信」的習慣；
持續培養自信，
才能擁有一顆堅強的心。

自我決定感

CARE 01

想要有所改變時，和自己簽訂合約書吧！

向自己宣告，就是改變的第一步

雖然想努力達成某件事，但卻有心無力，最終無法實現……。當你「想要改變這樣的自己」時，就和自己簽份合約吧！例如證照考試的讀書計畫遲遲沒有進度時，可以立下這樣的合約：「為了通過〇〇考試，平日要每天讀書兩小時，假日要每天讀書五小時，在〇月〇日之前做完所有的考古題」。

合約的內容，要盡可能寫上具體的日期及時間。如此一來，才能清楚知道是否達成目標。到了約定的日期，須驗證目標是否已經達成，而且無論達成與否，都要分析原因。藉由這種方式，就能了解自己該怎麼做才能達成目標。

列出完成目標前的事項查核清單

和自己「簽下」合約之後，後續的查核也非常重要。確認為了完成目標，過程中的事項是否能夠達成，並具體分析原因為何。

例）我每週要打掃家裡三次！
→寫上具體數字設定目標

↓

查核清單

一週查核一次，確認是否依照宣告的內容一樣達成目標。無法順利達成也沒關係，只要能分析原因並提出解決對策，就能督促自己成功達成目標。

Q.1 達成目標與無法達成目標時，自己的感覺如何？
Q.2 達成目標與無法達成目標時，身邊的人（家人）反應如何？
Q.3 自己對於身邊的人（家人）的反應感覺如何？
Q.4 對於可以堅持下去與無法堅持下去的事情有何想法？

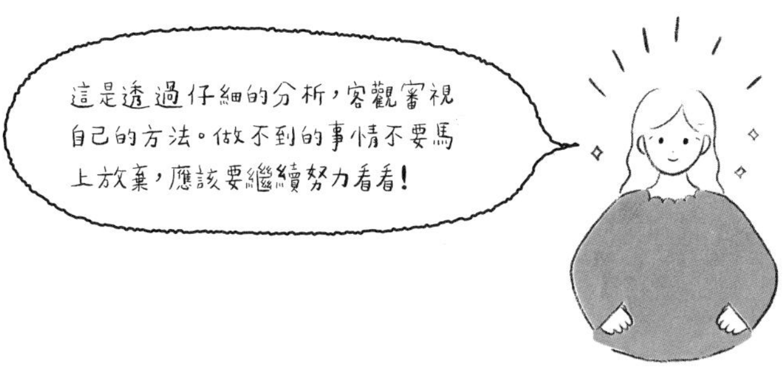
這是透過仔細的分析，客觀審視自己的方法。做不到的事情不要馬上放棄，應該要繼續努力看看！

CARE 02

自我效能感

運用「心像練習」，明確地列出該做的事

藉由填滿表格，理解「目標可以達到」

自我肯定感低迷的話，就算有再多的優點或強項，也無法發揮，甚至凡事負面思考的情形也是常有的事。使用肯定語（affirmation）、運用心理測驗的「投射法」來試試看「心像練習」。

第一步，請將左頁表格中的空格全部填滿。藉由這個步驟，**你將會明白內心期待目標終能實現，而且能夠得到他人的幫助，隨時獲得需要的資源，也會知道達成目標需要哪些條件。**

在眼前的目標達成之前，每天都要查看表單內容。這些內容就是你給自己的肯定語，有助於激發你的動力。當心中有想要達成的目標時，將左頁表格影印下來，貼在行事曆或筆記本上，填滿空格處吧！

幫助你達成目標的「心像練習」

運用心像練習釐清為了達到目標而必須完成的事。做法很簡單，將下述表單的九項固定內容填滿即可。光是「寫下來」這個動作，就會提升自我肯定感。

【目標】
- 想實現什麼事情？
→ 我想實現 ______ ！

【理由】
- 為什麼想要實現？
→ 因為實現之後就會 ______ 。

【狀況與問題】
- 哪些問題會阻礙你現在的狀況與目標？
→ 現在的狀況是 ______ ，
所以會造成 ______ 的問題。

【解決對策】
- 為了解決這些問題，應該怎麼做？
→ 打算試著 ______ 。

【人際關係】
- 誰可以幫忙實現？
→ ______ 可以幫忙。

【環境】
- 怎樣的理想環境才能實現？
→ 想置身在 ______ 的環境當中。

【能力】
- 你現在具備哪些能力？
→ 現在具備 ______ 的能力。

【動力】
- 如何維持動力？
→ 利用 ______ 的方法，就能維持自己的動力。

【執行】
- 第一步應該做什麼？
→ 首先要做 ______ 。

每天查看，就會越來越有動力，
能夠維持自我肯定感。

自我信賴感

CARE 03

對外表感到自卑時，放大其他的優點看看

把優點延伸成為「個人特色」

眼睛小、鼻子大、腿很粗……相信很多人會對自己的長相，或是身體部位感到自卑；對外表缺乏自信，也會導致自我肯定感低落。相信有些人會在意別人對自己的看法，因為自我厭惡而讓自己生活在痛苦當中。

因外表感到自卑而自我肯定感低迷的人，往往會拼命將自己的缺點藏起來，但是這樣下去，將永遠擺脫不了負面思考，其實最重要的是要「將自己的優點展現出來」。聚焦在自己的長處上，能使人產生正向思考，可以確實發覺「個人特色」，這會讓你變得有自信，開始接受外表上感到不滿意、自卑的地方，同時認同自己。

如何放大自己的優點

首先，要找出自己有什麼樣的優點，只要能強調並加以延伸出來，就能發掘「個人特色」。

① 問問身邊的人

不知道自己有哪些優點的時候，不妨向朋友詢問看看。對方只要簡單回答「你很適合〇〇」，或是「你〇〇部位很好看」就行了。

② 將別人的讚美寫下來

回想一下別人讚美過自己的事情，再寫在筆記上。這些就是關於你可以強調出來的優點。

③ 提醒自己適度運動

對身材有自信的人，最好要提醒自己做運動維持身材；對身材沒自信的人，請提醒自己增加運動頻率、留意健康。至少在活動身體後會讓人感到成就感，逐漸培養出自信。

自我尊重感

CARE 04

將缺點轉為優點，就會知道自己的強項

優點就隱身在缺點的背後

每一個人都有優、缺點，雖然針對缺點努力改善十分重要，但是問題是，在面對缺點時，總會受到負面思考很大的影響。一旦陷入負面思考的惡性循環，滿腦子都是「反正我就是做不到」的想法，自我肯定感絕對不會提升。因此要改變對於缺點的看法，才能發現自己的另一面。

缺點的背後一定能看見優點，舉例來說，「性子急→手腳快」、「做事難長久→興趣很廣泛」、「放蕩不羈→為人寬容」。**對於自己的缺點無法釋懷、導致自我尊重感受損的話，換個角度看看隱藏在缺點背後的優點。**「改變觀點，就會發現好的地方」，像這樣轉換想法，整個人的心情就會變得積極進取。

換個角度，讓缺點成為優點

改變看待的角度，就能轉而將缺點視為優點。以下列出幾個改變觀點的例子，會發現有些缺點其實是優點呢！

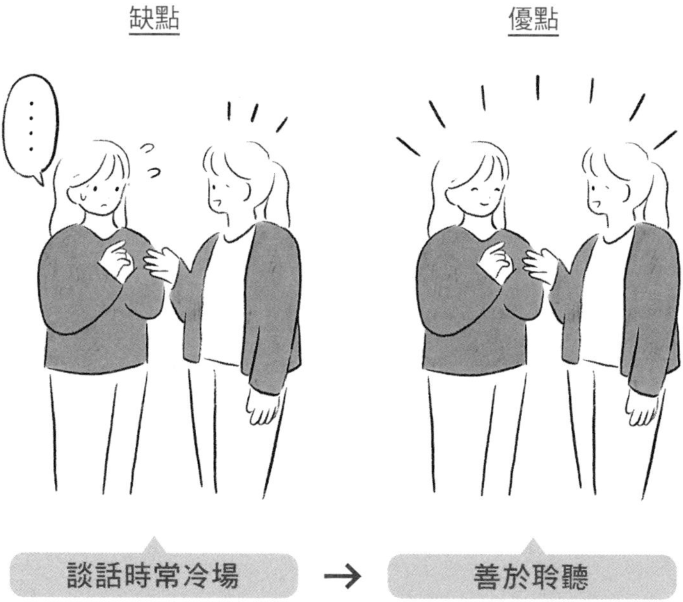

從不同角度觀察自己，將缺點轉換成優點。回想一下自認的缺點有什麼能派上用場的時候，或是和自己一樣有這項缺點的人，他的優點是什麼。

■ 將缺點轉為優點的例子

容易隨波逐流 ⟶ 具協調性，懂得尊重別人

容易緊張 ⟶ 做事態度認真

愛找麻煩 ⟶ 工作有效率且行動力十足

怕生又文靜 ⟶ 值得高度信任，冷靜沈著

CARE 05

自我接納感

寫下四季願望筆記，讓夢想順勢實現

活用「自我實現預言」的吸引力法則

所謂「四季筆記」，是將今後想要實現的目標或夢想寫下來，期盼未來會實現的預祝（預先慶祝）技巧。

首先要對未來的一年進行全盤的思考，接著將一頁筆記分成四個部分，各用一個字代表每一個季節、該季的目標、想達成的事情，並寫下理由。舉例來說，在「春」季寫上「活」字，加上「進入新的一年後輩會增加，希望每天都充滿活力」的內容；以此類推，將四季的願望筆記寫下來。

「自我實現預言」的願望筆記，會在大腦發揮作用，無意識中讓夢想成真，這是「自我實現預言」的技巧，可以有效地達成目標。請大家盡可能在四季願望筆記中寫下讓自己期待的事情，讓夢想和願望順勢實現。

用一個字寫下對於每一季的期望

將未來一年的四個季節，分別用一個字來表示該季想達成的願望情境，想像未來的理想生活並立下目標後，就會讓自己更有決心，進而朝努力實現夢想前進。

準 春

做準備的時間，試著挑戰所有的新事物。

繼 夏

繼續執行春天開始的工作，努力地堅持下去。

樂 秋

凡事都令人興奮的時期，無論是工作或是人際關係，新的開始將會事事順利，游刃有餘。

輝 冬

工作上交出成果，受到大家認同；被交派新的專案工作。

POINT

想像一下充滿期待的未來

想像光明的未來，再將期望寫下來；如此一來，大腦會在不知不覺間發揮實現夢想的力量。在任何環境下都知道自己為何而活的人，會對未來充滿希望，明白凡事由自身做起。「四季筆記」將有助於你實現夢想。

CARE 06

自我接納感

想像未來的樣貌，釐清現在該做的事

未來的願景，會成為通往夢想的路標

「時間軸」是一種在各個時間點設定目標，幫助自我實現的訓練手法。例如「〇年後想成為怎樣的自己」、「〇年後想實現哪些夢想」，像這樣不斷設定幾年後的目標，**而且要盡量按照先後順序寫下目標，具體想像出自己未來的樣貌。**

舉例來說，目標可以是：「一年後TOEIC要達〇分」、「三年後要到美國留學」、「五年後運用英文能力創業」。規劃時間軸的時候，必須根據自己從過去到現在的狀況而定，實際體會過去努力過的一切，將有助於提升自我接納感。

如果完全想不到，或是無法想像光明的未來也沒有關係，因為你曉得「再這樣下去不行」，這樣的想法，將會促使你去思考現在該做什麼，得以順利迎向未來。

訂出「未來目標」的時間軸

想想自己在一年後、五年後或十年後理想的未來情景。想像令人期待的未來，自我接納感就會提升。

1 年後

TOEIC 達 600 分！

養成每天讀英文的習慣，讓 TOEIC 達到 600 分的目標！

3 年後

到英國留學

在外國從事能活用英文的翻譯工作，度過充實的每一天。

10 年後

與外國人結婚

和工作上認識的外國人結婚。

20 年後的自己

開設英文補習班

回到日本後，開課教小朋友英文。

CARE 07

自我決定感

找出作為判斷標準的「指標人物」

想想看「如果是他的話，會怎麼做」

茫然失措、煩悶苦惱、心情沮喪無力動彈時，應以「指標人物」作為努力的方向。指標人物不同於人生導師的角色，因為平時無法接觸到，無法提供適當的建言。指標人物必須是歷史上的人物，或是對社會有貢獻的人，用來和自己生活方式作比較，作為判斷的標準。

遇到不如意的事情時，感覺生活很痛苦時，可以對照一下指標人物的生活方式、想法、價值觀、行為舉動，**想像一下「如果是那個人的話會怎麼做？會怎麼想？」**讓自己明白「現在這樣就很好了」，幫助自己提升自我肯定感。在行為心理學中，認為每一個人在一生當中，都會受到指標人物所影響。

「指標人物」就像人生的參考書

想想看，誰是你十分尊敬的人？感到痛苦時，思考一下「如果我是〇〇的話會怎麼做？」客觀地審視問題。

指標人物可以是歷史上的偉人，或是崇拜的明星。分析自己的生活方式及價值觀，能夠以哪號人物作為參考。

■ 世界知名的偉大女性歷史人物

- 德蕾莎修女：以印度為活動據點的諾貝爾和平獎得主
- 克萊拉．巴頓：美國紅十字會創始人
- 海倫．凱勒：作家、政治活動家。第一個獲得文學學士學位的身障人士
- 瑪麗．居禮：首位獲得諾貝爾獎的女性
- 愛蜜莉亞．艾爾哈特：第一位飛越大西洋的女飛行員

CARE 08

自我決定感

寫「幸運筆記」練習發掘小確幸

用累積的小確幸，提升自我肯定感

人會感到不滿、後悔這類的負面情緒，大多數都是因為在當時的狀況下欠缺自我決定感的關係。心理學研究證實，自我決定感越高的時候，在工作等場合上不僅能有很好的表現，甚至會對身心帶來有益的影響。想要擁有自我決定感，首先必須充滿自信，要有決斷的勇氣。

寫「幸運筆記」就是提升這類自我意象最有效的方法，**將幸運的事、開心的事、順利完成的事，以條列式寫在行事曆或筆記本上**。最好每天都要寫幸運筆記，覺得很麻煩的人，每週或每月寫一次也可以。看著寫滿正面事項的筆記，自我意象就會越來越好。

「幸運筆記」的寫法

將正向的事情條列出來，就能察覺到自己的優點。定期翻閱「幸運筆記」後，自我意象就會越來越好。

回顧過去發生的事情

在一天結束後或是每個月底，回想一下這段期間完成的事情、被人誇獎的事情、感到開心的事情。

條列式寫在筆記上

請以條列方式列出清單，寫在筆記本上。建議大家寫在行事曆上，或是使用幸運筆記專用的筆記本。

每週一次，好好回顧筆記內容

花幾分鐘看一看完成的筆記，實際感受自己的優點，自我意象就會越來越好。

POINT

發生開心的事，要立刻寫下來

像是發生開心的事、被人稱讚的時候，建議大家當場立刻寫在筆記本上，也可以先寫在便利貼，之後再貼在行事曆或筆記本裡，日後再來檢視累積下來的筆記。幸運筆記只要利用空檔就能完成，相信很容易就能養成習慣。

CARE 09

自我決定感

活用腦科學特性的「好習慣養成法則」

隨時建立行為模式

原本該做的事卻沒做、結果陷入自我厭惡……大家有過這樣的經驗嗎？想要防止這種現象，最有效的做法就是設定「若○○則△△」的規則，養成建立這種行為模式的習慣。這在心理學上稱之為「若則計畫法」，**要將「若（if）○○則（then）△△」的規則，深植在自己心中**，已有許多研究證實其效。

人類的大腦具有一種特性，會像這樣如實執行規定好的事情，「若則計畫法」就是運用了這項特性。

舉例來說，減肥計畫總是半途而廢的人，可以建立這樣的「若則計畫」：「若想吃東西，則喝杯冰開水」、「若滿腦子食物，則擺出搞笑表情照鏡子提振精神」，照這樣做之後，就容易養成習慣了。

「若則計畫法」的執行方式

擔心失敗而無法付諸行動時，利用「若則計畫法」讓心情放鬆下來。這個方法可以應用在日常生活中的各種場合。

失敗的話該怎麼辦……

自我肯定感低落時，難免擔心「說不定會失敗」、「可能會被罵」，有時很難擺脫負面思考。喪失自我尊重感和自我接納感，將進而產生自我否定的情緒。

下定決心若〇〇則△△！

事先決定好「若（if）〇〇則（then）△△」與其他規則，不安及恐懼就會消失。因為心理明白就算失敗了，接下來應該做什麼，所以能避免陷入自我厭惡的情緒。

COLUMN

日常生活中也能活用「若則計畫法」

將「若則計畫法」融入日常生活當中，就能每天維持良好的習慣。例如「若是週一和週三則上健身房」、「若到下午五點則下班」、「若到晚上十點則讀書」等的計畫，事先規劃好規律的生活。就算做不到的時候也沒關係，只要事先安排好其他計畫，就可以持之以恆。

自我尊重感

CARE 10

在一天結束時，記下三件好事

培養創造正向思考的習慣

「三件好事（3 good things）」，是一種督促自我成長的訓練法。在一天結束時，**回想一下當天發生的三件好事，並寫在筆記上**，可以回顧一下〈寫「幸運筆記」練習發掘小確幸〉的「幸運筆記」。三件好事甚至也能記在手機或電腦上，**不過動手寫下來的話，肯定語（affirmation）的效果會更加顯著，所以最好親自寫下來。**「下班回家一路綠燈」、「超商新推出的甜點真的很好吃」這種看似微不足道的小事都可以。

有研究數據顯示，一個人花二十一天就會養成習慣，大家不妨先堅持三週時間試試看。如此一來，你的大腦就會萌生出一股想要發現好事的衝動，產生「今天也很期待」的正向情緒。

三件好事的察覺技巧

養成習慣每天都記下「三件好事」之後，大腦就會自動開始發掘「好事」。

生活中的小事也無妨

例如「上班路上看見藍天白雲心情很愉快」等，試著去發覺日常中微小的好事。

回想和別人聊過的事

試著回想一下在公司裡和主管、同事、部屬之間的閒話家常。就算只是想起「曾和某某人說過什麼」也沒關係。

吃過的美食也可以

當天吃過的美味食物，也是小確幸的一種，可以將「到咖啡廳吃了蛋糕」這類的事記下來。

COLUMN

可以記在手機或社群媒體上

十分推薦大家將三件好事用手機的筆記功能記錄下來，或是在社群媒體上貼文。趁回家的路上，可以花點時間回顧一天發生的好事，善用短暫空檔就容易養成習慣。

CHAPTER 3

脫離容易受傷的相處模式

拒絕有毒的人際關係練習

自我肯定感低迷時，不僅會沒有自信，
還會處處顧忌別人。
過度在意旁人眼光及批評、受他人影響，
導致心很累的人應該不在少數。
這一章將為大家說明，在這樣的人際關係下，
如何提升自我肯定感。
內心因為別人一句話而嚴重受傷時、
遇到倒霉的事情時，
該如何因應、讓身心都保持安定狀態。

CARE 01

自我尊重感

用「生涯規劃圖」編列個人年表，建立自信心

回顧人生，覺察自己已經很努力了

對自己的人生不太滿意的人，請試著畫張「生涯規劃圖」編列出個人年表，深思（reflection）目前為止的人生。首先，在紙張中央畫條直線，作為這一生的時間軸，再沿著這條時間軸，於右側寫上「過去最美好的事情／最開心的事情」，於左側寫上「過去最悲慘的事情／最痛苦的事情」，接著將發生這件事時幫助過自己的人，分別加註在各個項目上。

個人年表完成後仔細瞧一瞧，**你就會發現，過往的人生中，曾經得到過許多人的幫助。**而且就算並非事事如意，那些痛苦悲慘的事情也都成為過去了，當能夠覺察到這一點，自我肯定感就會確實地上升。

客觀地回顧人生中的好與壞

回顧目前為止的人生，以年表方式編列出來。參考下述方式，在正中央畫出年齡的軸線，並分別於左側寫上難過的事，於右側寫上開心的事。除了發生過的事情之外，還要寫出當時幫助過自己的人。

年齡軸線：0歲、5歲、10歲、15歲、20歲、25歲、30歲

最痛苦的事情

- 10歲　被班上同學霸凌→好朋友 A 同學對自己很好，陪自己一起玩
- 15歲　高中沒考上第一志願→老師和朋友 B 一直鼓勵自己→決定和朋友 B 上同一所學校
- 21歲　求職一直碰壁而躲在家中→父母默默陪伴身旁
- 24歲　失戀→許多朋友一直安慰自己

最開心的事情

- 13歲　參加的社團要在縣政府活動上表演→和團員一起努力練習
- 18歲　大學考上第一志願→與一群感情很好的同學一起讀書準備考試
- 25歲　第一次做出好業績被公司表揚→主管一直在協助自己，部屬也很幫忙
- 29歲　結婚→雖然彼此工作都很忙碌，卻能互相照應

回顧這輩子的人生，才能發現曾得到許多人的幫助。當你察覺自我肯定感下滑時，看看這張表格，一定能重獲自信。

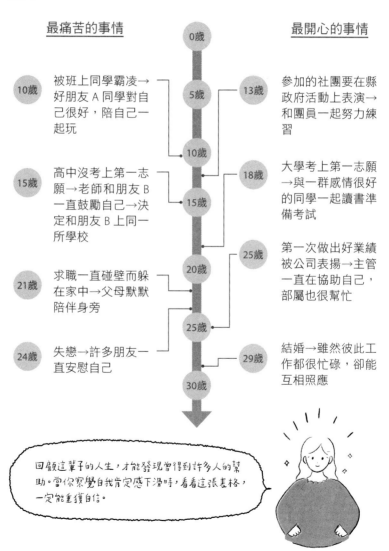

CARE 02

自我接納感

與常常口出批評的人，要保持距離！

千萬小心！負面情緒會傳染

大家知道負面情緒是會傳染的嗎？研究發現，會用言語或態度表現出不安及壓力的人，周遭的人只要待在他們身邊，出現相同情緒的機率便會上升。另外，也有研究顯示，光是看到有壓力的人，被稱作壓力賀爾蒙的皮質醇濃度就會升高。

經常大發牢騷、總是心浮氣躁、老愛說別人壞話的人，和他們在一起，自己的心情也會變得很糟。當下你已經飽受負面情緒影響，對你來說並不是件好事，應該盡量與這種人保持距離，不要扯上關係。

當你覺得「和這個人在一起時感覺好累」的時候，你的直覺完全沒錯。記得要保護自己，免於受到他人的負面情緒干擾。

不必勉強與處不來的人在一起

自我肯定感偏低的人，會不自主地想要迎合他人。但是沒必要勉強和感覺處不來的人在一起，才能保護自己。

愛批評、愛說其他人壞話的人，要盡量與他們保持距離。其實光是看到處不來的人，就會讓人產生壓力，影響大腦的運作，所以沒必要去迎合別人，做到最基本的禮貌即可。

ADVICE

就算討厭對方，也不要說他壞話

不可以為了排解壓力，而對別人說討厭的人的壞話，負面情緒會傳染給身邊的人，同時也會影響你自己的人際關係。想要說出來發洩情緒時，建議參閱〈焦躁情緒高漲時，將心情全寫在筆記上〉的「情緒筆記」，用書寫的方式發洩。

自我尊重感

CARE 03

分手後，想想「單身的好處」吧！

想想一個人的好處，療癒受傷的心

彼此相愛的兩個人，也會面臨感情結束的時候。除了被甩之外，有時候自己提出分手，內心同樣會受傷。「明明彼此十分相愛，為什麼會走不下去」、「最後怎麼會說出那麼殘忍的話」，說不定這樣的疑問及懊悔會不停在腦中打轉，讓人顧不得其他事情。但是再怎麼想，也是找不出答案，只會讓心情越來越消沉。

失戀後想要盡快走出來的話，試著將「恢復單身的好處」寫在筆記上吧！比方說「週末可以悠哉度過」、「不必顧及對方的行程」等，想到什麼就全部寫下來。當你在寫下來的過程中，會漸漸感覺「失戀也沒這麼痛苦」的時候，就能讓自己重新走出來。

脫離容易受傷的相處模式，拒絕有毒的人際關係練習

讓失戀的痛苦轉變為成長的力量

失戀、分手後，內心難免會抑鬱沮喪，但是換個角度來看，這也是個使人成長的機會。

① 從失戀的失敗中學習

分手之後，常會後悔「當時如果有這麼做就好了」或是發覺「自己可能受傷了」。這些經驗，都能在下一次的戀愛中好好活用。

② 投入其他事物當中

想從失戀中走出來，可以投入工作或其他事物當中，使技能提升，拓展其他的可能性，讓自己保持正向思考。

③ 內心變得更堅強

痛苦的經驗會使意志力變強大，是個讓人大幅成長的絕佳機會。失戀後難免會意志消沉，不過也算得到了不同的經驗，所以要正向思考，告訴自己「獲得成長」了。

CARE
04

⊕ 自我接納感

想像負面的記憶
「咻」地被丟進垃圾桶裡

拋開不好的回憶，切換成理想狀態

越是想要忘記不好的事情，有時候越是難以從腦海中抹去，讓人十分痛苦。這種時候請試試「快速心態轉變法」（Swish Pattern），這是一種NLP（神經語言程式學）所使用的方法，**將討厭的事情在腦海中丟進垃圾桶，讓情緒轉換過來的技巧**。

不需要使用工具，一切都在大腦中進行，❶用力回想起想要忘記的「討厭的事情」，❷想一想當①解決之後的理想狀態，❸將①與②並列在同一個畫面上，在腦海中放大①，讓②縮小在右下方。❹想像②一口氣將①吹散一樣，讓畫面瞬間切換成②，這時要「咻！」地出聲喊出來。

將①～④的步驟重複做兩次，讓理想狀態的畫面優先顯示出來。

在腦海中讓討厭事情消失的方法

這次介紹的心理技巧，能讓大家在腦海中將討厭的事情丟進垃圾桶裡。發生不好的事情、總是忘不了的時候，可以活用這項技巧。

① 回想討厭的事情

回想討厭的事情，重點是要在回想時越不開心越好。

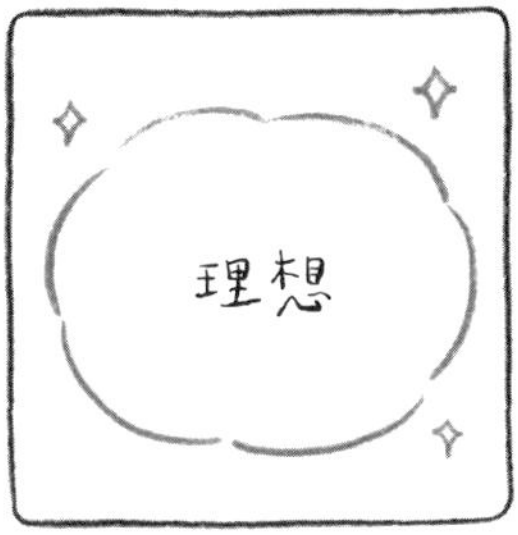

② 想一想理想的狀態

接下來，要用力地想像當討厭的事情解決後，理想的狀態會是如何。

③ 將兩個畫面並列

讓腦海中同時出現討厭的事情與理想的狀態。此時要使討厭的事情放大，讓理想的狀態縮小在右下方。

④ 拋開討厭的事情

讓縮小在右下方的理想狀態瞬間放大，想像一下將討厭的事情吹飛的畫面。這時要「咻！」地出聲喊出來，會更有效果。

CARE 05

自我接納感

有效解放憤怒情緒的五個步驟

累積憤怒和不滿，會同時影響身心狀態！

包含主管、同事、顧客等，有些人難免會讓你感到吃盡苦頭。當這些人的所作所為，讓你感到非常憤怒不滿的時候，善用「REACH寬恕法」會很有幫助；先備妥紙和筆，依照下述步驟進行。

❶將產生這種情緒的原因寫下來，❷將對方害自己難受的理由寫下來，❸將你使得其他人感到難過、後來被對方原諒後的心情寫下來，❹回想一下①②的經驗後，原諒對方，❺當你憤恨難平時，重複①～②的步驟。

研究發現，**只要放下怨恨及憤怒，就會使壓力症狀改善、血壓穩定、睡眠品質提升，身心狀態都會變好**，使負面情緒逐漸消散。

面對討厭的人，該如何放下？

怎麼樣都無法原諒討厭的人，逃離不了負面情緒時，試著做做看下述五個步驟吧（寫在紙上會更有效果）。

STEP1

回想（Recall）

回想討厭的事情或是無法原諒的人，回顧當時原因為何。這時候並不是要責備自己，或是回想對方造成的憤恨心情再寫下來，只是要用俯瞰的角度檢視整件事。

STEP2

強調（Emphasis）

站在對方的觀點，想一想對方為什麼會用那樣的態度對待自己。會攻擊別人的人，通常對於任何人都會出現攻擊的態度，大部分都不是自己的過錯。

STEP3

改變觀點（Altruistic Gift）

放下與對方的愛恨情仇，試著想像一下自己對別人態度很差，使別人受傷的畫面。接著當對方原諒自己時，內心是不是會感覺很輕鬆？在 STEP 3，就是要了解原諒別人是一件有益雙方心理健康的事情。

STEP4

原諒、放下（Commit）

如同向討厭的人說句「保重、再會」一樣，然後放下一切。一直和討厭的人糾纏不清，對自己完全沒有益處，只要能察覺到這點就行了。在腦海中揮揮手，跟對方道別吧！

STEP5

維持（Hold）

完成 STEP 1～4 之後，對方的態度並不會有所改變，有時會再度發生不愉快的事，此時一定要重複STEP 1～4。重複數次之後，就不會再對對方那麼執著了。

CARE 06

自我決定感

心浮氣躁時，試著在口罩底下嘴角上揚

從形式下手，提升正向情緒

相信很多人都認為，表情及行為會受情緒左右，開心時會微笑，難過時會流淚。不過「詹姆斯－蘭格理論」卻反過來主張，人是在意識到表情及行為之後，才會出現情緒反應。根據這項理論的研究發現，笑會使免疫力提升，改善血液中的成分，而且不需要真的笑出來，即便是假笑也能看出同樣的效果。也就是說，**「從形式下手」就能提升正向情緒。**

沒什麼事卻一直保持微笑，可能會讓身邊的人感覺怪怪的，但是如今疫情橫行，沒有人會知道口罩下是什麼表情。心煩氣躁的時候，請試著在口罩底下嘴角上揚，這樣的表情，會讓你從焦躁情緒中獲得解放。

越是心浮氣躁時，就越要笑一笑

情緒焦躁無法集中精神時，與其胡思亂想，不如將嘴角上揚轉換心情，有助於好好掌控壓力。

心浮氣躁時、冷靜不下來的時候，請試著將嘴角上揚，假笑也沒關係。微笑會使副交感神經發揮作用，讓人解除焦躁情緒。試著在口罩底下維持笑臉十秒鐘看看。

POINT

微笑會提升免疫力

微笑有益健康。微笑可以活化自然殺手細胞（NK 細胞），預防病毒感染，有助於提升免疫力；微笑會使流向大腦的血液循環變好，據說能夠預防因血管堵塞引起的腦梗塞等疾病（※）。建議大家每天都別忘記微笑。

※《笑容與健康》昇幹夫著（Biken-guide 出版社）

CARE 07

自我效能感

生理期情緒焦躁時，摸摸柔軟物品讓心情平靜下來

生理期間要記得寵愛自己

相信很多女性都曾在生理期間，感到情緒焦躁或身體不適。生理期前及生理期間身心不適，稱作PMS（經前症候群），因為屬於幸福賀爾蒙的血清素減少了，才會使人內心感到不安、情緒低落，容易心浮氣躁。

這時候由於賀爾蒙變化失去平衡，自我肯定感也會下滑，所以最重要的就是要讓自己澈底放鬆。有一個解決方式，**摸一摸毛毯或布偶這類柔軟的物品**，讓摸起來很舒服的物品使心情平靜下來。另外，也可以吃些愛吃的食物，好好提振精神。在生理期間，記得要慰勞、寵愛一下自己。

有效解決經前症候群的身心放鬆祕訣

生理期間因為賀爾蒙變化失去平衡，往往會心情低落。想要解決這個問題，最重要的就是讓身體好好放鬆。

① 觸摸柔軟的物品

摸一摸觸感柔軟的物品，就能讓自己遠離不安的感覺以及焦躁的情緒。可以緊緊擁抱毛毯、布偶或抱枕這類的物品。

② 享用美食

享用美食就會分泌出幸福賀爾蒙。可以事先計畫好，在生理期那天享用愛吃的食物，喜愛美食的人，肯定會很有效果。

③ 善用香氛讓自己放鬆

讓身體放鬆下來最有效的做法，就是聞一聞香氛精油或香氛蠟燭的香氣。讓整個房間都充滿芳香，使心情平靜下來。

CARE 08

自我接納感

與人交際往來卡關時，換位思考試試看

轉換立場，試著了解對方的想法

人際關係出問題時，試試看「換位思考」。這是NLP的方法之一，顧名思義就是換個角度理解對方的心情及其言行舉止的原因。

舉例來說，假設你有一位在工作上龜毛細心的前輩，你對他沒什麼好感。透過換位思考，你先在心中將自己的想法告訴這位前輩，再用這位前輩的立場表達自己（前輩）的想法，**也就是在想像的世界裡演獨角戲**。結果使你察覺到：原本覺得很囉嗦的前輩，其實是想培養你獨當一面的能力。試著改變立場後，就會看到不一樣的風景。

換位思考的技巧

煩惱與人往來不順利時，試著將身邊物品擬人化，就容易客觀正視問題了。

例如回想一下被主管責罵時，情緒變得很負面。這時試著將身邊的物品擬人化，當作主管和自己。如此一來，很容易就能將自己與主管的立場調換過來，用客觀的角度去思考主管為什麼會生氣，提升解決問題的能力。

POINT

釐清「知覺定位」

知覺定位是指我們在對某事物下定論時，會因為所在位置不同而出現不一樣的想法。例如從側面觀察圓柱看起來是四角形，從上方觀察看起來是圓形，從斜上方觀察看起來則是圓柱體。就像這樣，自己覺得很重要的事物，在對方眼中有時並非如此。如能了解這種想法，就能明白換位思考的道理。

CARE 09

自我效能感

怒不可抑時，先在心裡默數六秒

給大腦打開理性開關的時間

人只要一感到憤怒，就會分泌出神經傳導物質──腎上腺素及正腎上腺素，血壓會上升，心跳會加快。憤怒的情緒會造成身心受到傷害，因此希望大家盡可能不要生氣。抓狂的時候，能讓人理性掌控怒火的部位，是大腦的額葉，只不過它有個缺點，必須花六至七秒的時間，開關才會打開。**當氣到不行即將抓狂的時候，在心裡慢慢地數六秒，讓額葉在這段時間發揮作用，避免自己失控說出日後會懊悔的話。**

研究顯示，若能放下怒氣，壓力症狀、血壓、睡眠品質、免疫力等身心狀態就會獲得改善。為了維持身心健康，請大家要記住「怒不可抑時，先靜待六秒」。

抑制怒氣的「六秒原則」

感到憤怒時，請記得遵守「六秒原則」；當你發現自己能妥善掌控怒氣，就會更有自信。

生氣時，最重要的就是不要做出反射動作。首先請靜待六秒，使怒氣平息下來。雖然憤怒還有煩躁的情緒並不會消失，但能讓人理性做出判斷。數六秒的時候，要在心裡慢慢地數「1、2、3……」。如果靜待六秒後還是看不出效果的話，可以告訴自己「沒關係、沒關係、沒關係」，用這些話來控制怒氣。

ADVICE

靜待六秒的期間，試著為怒氣打分數

就和〈感到不安及焦慮時，試著將負面情緒數值化〉一樣，也試著將怒氣分成 0 ～ 10 的等級，就更容易掌控情緒了，而且可以在數六秒的期間為怒氣打分數。遇到分數高達 8、9 分的事情，就能用客觀的角度明白自己真的非常生氣。

與人相處的
特別專欄

CARE 01

親子關係

如何提升孩子的自我肯定感？

先前告訴過大家，家庭環境是造成自我肯定感低落的原因之一，而且影響很大。

據說，這是因為父母的自我肯定感偏低的關係。自我肯定感偏低的父母無法信任孩子，往往會嚴厲禁止孩子的所作所為，強制孩子學習才藝，做出扼殺孩子感受的事情。如此一來，將會剝奪孩子「想要實現夢想」的上進心，自我肯定感就會下滑。

為了阻斷這樣的惡性循環，最重要的就是和孩子溝通。建議大家運用〈在一天結束時，記下三件好事〉，**問問孩子「今天發生了哪些好事」，試著實踐看看。**當孩子想不出什麼事情的時候，可以自己做示範，舉例跟孩子說：「便當很好吃，真叫人開心！」

還可以換個方式問孩子：「今天有什麼事情讓你很開心？」「有沒有發生什麼有趣的事？」改用不同的問題，盡量具體地用正向的事情問問看，就會很容易使孩子的自我肯定感提升。

與人相處的
特別專欄

CARE 02

男女關係

當對方表示「負擔重」時，自己如何擺脫戀愛依存症？

自我肯定感偏低的人對自己缺乏自信，所以想被對方「認同」的欲望強烈，很容易產生戀愛依存症的現象。過去有過失敗經驗，像是曾經限制對方行動、想法偏激導致爭吵的人，的確有必要提升自我肯定感。

解決的方式，首先就是要保有專屬於自己的「療癒時間」。比方說去按摩、護膚，找時間療癒一下自己，就可以客觀審視，是否「自己太無理取鬧了」，也能察覺是否太過重視對方而疏忽了自己的時間。

另外也可以試著小小變化一下外表，比方說換個髮型、做做美甲等，刻意將不同的一面展現出來，開發興趣或參加新社團也會很有效果。**發掘自己的可能性，「原來我也有這一面呀」**，會開始明白除了其他人之外，自己也很重要。刻意安排與自己面對面的時間，就能遇見怡然自樂的自己。

與人相處的特別專欄

CARE 03

夫妻關係

夫妻常吵架，如何解決懷孕期間的不安情緒？

懷孕期間對育兒感到不安，加上身體的變化，情緒很容易變得不穩定。相信很多女性在懷孕的時候，都會遇到夫妻吵架的問題，比如會因為丈夫晚歸而感到生氣，還有身體無法活動自如時也會找丈夫出氣。那是因為賀爾蒙出現變化，才容易使人心浮氣躁，自我肯定感下滑也可能是原因之一。

如果孕婦想要避免自我肯定感低落，最重要的就是不要獨自一人。懷孕期間由於情緒不穩定，感到不安的事情會變多，盡量和朋友相約聚會，聊聊心事，心情才會放鬆下來，自我肯定感就會提升，可以讓人擺脫孤立感和孤獨感。

除了找朋友之外，也可以透過社群媒體加入孕媽咪等相關主題的社群，或是試著參加嬰兒照護的講座也不錯。與外界保持來往，獲得鼓勵，明白「自己並不孤單」，透過認識新朋友度過快樂的每一天。保持與外界交流的機會，人就會感到從容自在，而能夠減輕對於芝麻小事的煩躁感與不安的情緒。

CHAPTER

4

修復疲憊身心的
日常保養

關心外表與健康，
對於提升自我肯定感是相當重要的一環。

除了維持身體健康之外，
好好打理外表，會使人對自己的內外都感到自信，
能夠提升自我信賴感及自我效能感。

讓身體放鬆後，也會感到從容自在，
而能重新檢視自己。

在這一章當中，
會說明使身心愉悅的簡單日常保養法。

CARE 01

自我信賴感

早上喝杯白開水，神清氣爽地醒來

起床後，用一杯水啟動身體

提升自我肯定感最有用的飲品，就是「水」，尤其是一早醒來喝杯白開水，有助於改善全身血液循環，溫熱腸胃等內臟器官，讓身體更有活力，血液循環改善後，還能使老廢物質排出體外。**當肌膚問題、水腫、便祕等困擾獲得解決，身體狀態變好，也會使自我信賴感上升。**

準備白開水的時候，不能只是將水煮沸，須將煮沸時間拉長，才能進一步去除不乾淨的物質。而且要用喜歡的杯子來喝水，這樣會使人精神百倍，因為看見自己喜歡的東西，就會讓人轉換想法、變得正向積極。養成習慣在早上喝杯水，啟動身體讓自己平靜地清醒過來吧！

打造療癒身心的早晨喝水儀式

除了將水煮沸之外，早晨的第一杯水還有一些小技巧，讓有益身心健康的效果加成。

水煮沸後，再用小火加熱十分鐘

用自來水煮成白開水的時候，首先要用大火將水煮沸，接著再以小火加熱十分鐘。有些地方的自來水內含石灰質，因此須充分煮沸以去除異味。若使用礦泉水的話，只需要煮沸即可（建議大家選用有益腸胃的軟水）。

用喜歡的杯子喝水

用喜歡的杯子喝杯白開水，養成習慣讓自己一早醒來神清氣爽精神百倍。只要看見喜歡的東西，大腦就會轉為正向思考，使自我肯定感提升。

放涼後慢慢享用

為了避免燙到，煮沸過的水要放涼到50℃左右。喝水的時候不能一口吞下，切記要小口小口慢慢喝，幫助啟動身體、和緩地清醒過來。

CARE 02

自我信賴感

一週一次的特別保養，好好呵護自己

寵愛自己的保養時間，也是一種自我提升

給自己一段「獲得療癒」的時間，就能冷靜地檢視是否「有些自不量力」，或是「做事過於魯莽」了。尤其是女性，**透過美容護膚、美體按摩、美甲保養等來打理自己，自我肯定感也會提升。**對全新的自己充滿自信，進而對生活感到更快樂。

建議大家每週至少一次，像這樣好好地犒賞自己一下。養成習慣之後，就能空出時間來檢視自己，有助於維持活力。在忙碌的時候，每週犒賞自己的次數應增加到兩到三次。日常中越疲累的時候，越應該安排大量時間療癒身心，這點非常重要。

特別推薦的保養方式

保養身體、好好呵護自己，一面慰勞身心，同時提升自我肯定感。

美容護膚或美體按摩

美容護膚或美體按摩時，服務人員的手會溫柔觸摸，因此具有放鬆的效果。除了身體會倍感療癒之外，還能讓自己變美，自我接納感也會提升。

享受美甲美化指尖

指尖是隨時都會看見的部位，與臉部或頭髮不同。每次見到十指在美甲過後亮麗的樣子，真的會讓人覺得「手指真好看」，小小的自信便會油然而生。

以美容護膚好好犒賞自己

除了每天的肌膚保養，偶而使用高價的美容產品，好好犒賞自己一下。

CARE 03

自我接納感

每個月去一次髮廊，單剪瀏海也好

若想一口氣改變心情，試著換個髮型

髮型與自我肯定感，其實有著密切關係。有一個好看的髮型，人就會有自信，而能更加喜歡自己。想要稍微提振心情的時候，建議大家換個髮型。話雖然這麼說，但有些人還是無法接受突然將頭髮一下子剪短，或是每次都變化不同的髮型，所以單剪瀏海也行。

十分建議大家單純改變瀏海的造型試看看，**雖然只是剪短幾公厘，印象卻會大大不同喔！**瀏海，是個人形象的重要關鍵，光是有沒有瀏海，整個人的感覺就會不同。舉例來說，厚瀏海會讓人看起來很年輕，給人充滿活力的開朗印象。當你希望自己可以給人「開朗樂觀」的感覺，不妨參考各種瀏海造型給人的印象，試著改變看看。

變化不同髮型，就能成為不一樣的自己

心情頹喪時，建議大家去趟美髮沙龍。就算只有剪剪瀏海，也能感受到巨大變化，使心情煥然一新。

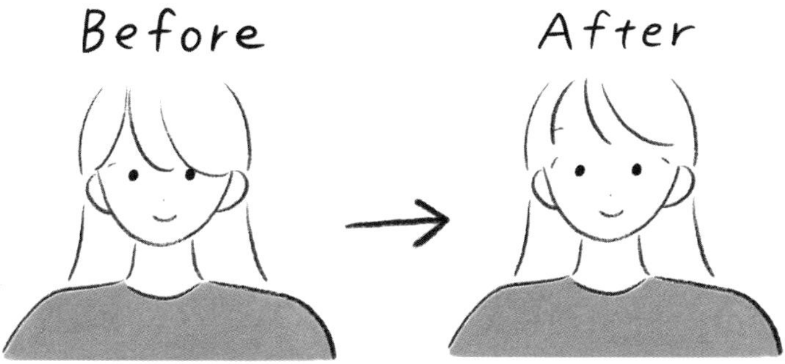

① 剪瀏海

就算只剪瀏海，在別人眼中也會有很大差異。不妨試著變換分線，或是將瀏海的造型改變一下。厚瀏海會讓人看起來很年輕，瀏海旁分會給人溫柔的感覺，中分則會展現出成熟的氣質。

② 改變造型或髮色

換個髮型、染染頭髮，就能使心情為之一變。讓設計師整理完頭髮之後，看到自己煥然一新的髮型會大大改變心情；毅然決然地換個髮色，也會帶給人完全不同的印象。

自我接納感

CARE 04

泡澡時加入香氛精油，好好恢復精神

藉由香氛有效療癒身心

每天的沐浴時間，是一整天的疲勞得以緩解的放鬆時刻。大家一定要好好善用香氛精油，讓沐浴時光更加舒適愉快。聞一聞美好的香氣，除了能讓心情煥然一新之外，**香氛精油具有改善身心健康的效果**，當香氣吸入肺部之後，芳香成分的分子會進入血液運送至全身，讓身體發揮排毒效果。

各種香氛精油的效果都不相同，心情煩躁時，建議大家使用柑橘精油；因壓力或不安導致神經緊張時，柑橘的香氣能發揮緩解的作用。感冒症狀剛出現時，或是感覺身體出現輕微變化時，最好使用辣薄荷精油，具有殺菌作用，也能使呼吸變輕鬆。

享受香氛精油的沐浴時光

將浴缸放滿熱水之後，滴入五、六滴喜歡的精油。屬於乾燥肌的人，建議加入一小匙具保濕效果的牛奶或蜂蜜。牛奶的油脂可以保濕肌膚，具抗菌作用的蜂蜜可使乾燥的肌膚獲得修復。

POINT

單純溫熱手腳也好

手和腳有許多穴道，刺激手腳就能溫熱身體，使身體更健康。因此很推薦大家進行手浴、足浴，好好溫熱身體，運用香氛精油給予舒爽的刺激。只要在水桶裡放滿熱水，滴兩～三滴香氛精油即可，花點時間，讓自己煥然一新。

享受香氛的方法

推薦大家使用香氛機，或是直接嗅聞精油，好好地享受香氛精油的香氣。

① 將香氣擴散出去

享受香氛精油，最常見的方式是使用香氛機或香氛燈，將香氣擴散出去；最簡易的方式，是滴幾滴香氛精油在面紙上靜置即可。搭車的時候，也可將沾有香氛精油的面紙夾在冷氣的出風口。

② 直接嗅聞香氣

想要緩解緊張情緒，或是外出時想讓心情平靜下來，這時候不妨直接聞一聞香氛精油的香氣，可以滴幾滴香氛精油在手帕或面紙上，放在口鼻處慢慢地呼吸。出現喉嚨痛或鼻塞等感冒症狀時，香氛精油也能發揮緩解的效果。

打掃時如何運用香氛精油

香氛精油大多內含殺菌效果，因此可善加活用當作清潔用品。邊打掃邊享受香氣，還能使心情煥然一新。

將水或溫水倒入水桶裡，再滴入四、五滴香氛精油，接著將抹布或毛巾浸入水桶，擰乾後擦拭地板、桌子、冰箱等處。不需要使用清潔劑就能殺菌，所以有嬰幼兒的家庭也能安心打掃。

＊若要使用在清潔上，挑選時請注意成分。

POINT

搭配酒精也很適合

將濃度 1%的香氛精油加入濃度 40%的酒精水（以無水乙醇加水調製而成）中打掃環境，就能將頑固附著的油垢去除。對於清潔瓦斯爐周遭十分有幫助。

自我接納感

CARE 05

透過淋巴按摩，消除亞健康的不舒服

針對淋巴結改善血液循環

按摩可改善血液循環，具有緩解神經緊張的效果，按摩時若能沿著淋巴系統向放鬆身體，更能進一步看出改善效果（淋巴是流經淋巴管的淋巴液，會像血管一樣遍布全身上下）。淋巴可將身體多餘的水分及老廢物質排出體外，**當淋巴循環不佳，老廢物質便會囤積在體內，引發水腫、便祕、肌膚粗糙等種種身體不適的小毛病。**

按摩的時候，用手沿著淋巴系統方向輕柔地搓揉肌膚。此時要針對淋巴結附近下手，因為淋巴結具有過濾器的功能，能除去病毒，建議大家參考左頁插圖進行按摩。保持身體健康，也是提升自我肯定感的重要一環。

淋巴結與淋巴的流向

參閱插圖了解全身上下淋巴結的位置，沿著淋巴系統進行按摩。

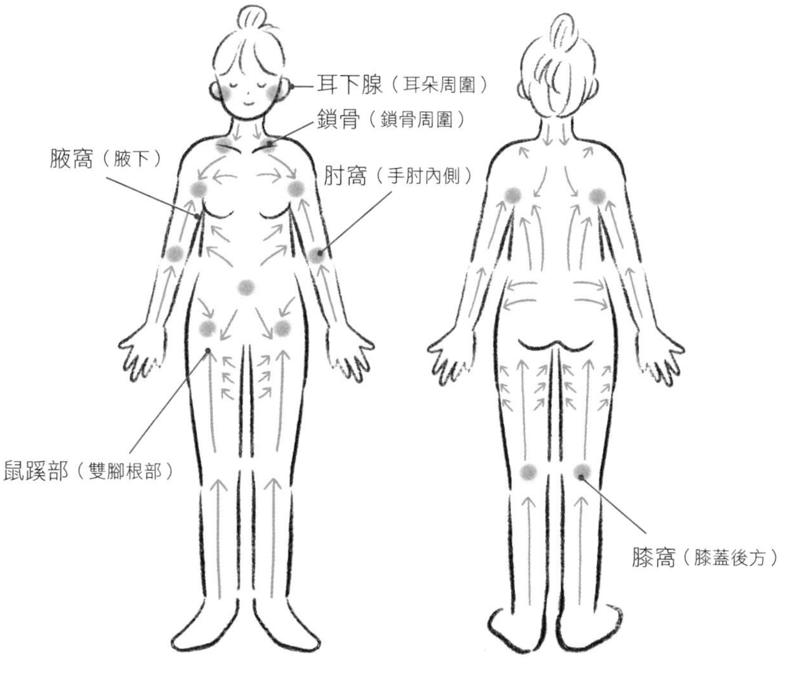

COLUMN

有效解決冰冷體質及水腫問題！

淋巴按摩可改善血液循環調節自律神經，因此對於解決冰冷體質及水腫問題也十分有效果。上班期間一直坐著的時候，只要將腳跟上下活動一下，就能刺激到雙腳的淋巴管，促進淋巴循環。

CARE 06

自我接納感

利用效果顯著的熱石按摩深入放鬆

天然火山石能層層溫熱身體

熱石按摩是一種利用熱石放鬆身體的按摩法，對於美容及健康同樣具有顯著效果，也稱作熱石療法。據說比起一般用手放鬆身體的按摩法，效果高達五倍，**熱石的溫度會層層滲透到身體深處，有助於消除長期累積的疲勞、疼痛、虛寒等問題。**還可以改善淋巴循環，緩解神經緊張，幫助提升六感之一的自我接納感。

一般總以為，必須到按摩沙龍才能接受熱石按摩，其實有在家就能簡單進行的方法。需要準備的用品，包含適合用來熱石按摩的「玄武岩」及熱水。玄武岩是天然的火山石，具有長時間保溫的特性，購買時記得挑選摸起來不會凹凸不平，表面平滑的產品。

居家就能進行的「熱石按摩」

熱石按摩感覺有點麻煩又費工夫，其實居家就能簡單針對小範圍的身體部位（例如臉部）進行按摩。

需要的用品

- 玄武岩…大大小小4～5個（表面平滑無損傷，摸起來觸感良好的產品）
- 裝滿熱水的水桶
- 毛巾
- 按摩油

準備工作
① 水桶裝滿50～80℃的熱水後，將玄武岩放進水中溫熱。
② 取出玄武岩時須小心避免燙傷，並用毛巾將水擦乾。
③ 置於常溫下放涼至可以用手拿取的溫度。

【臉部按摩】

將熱石平面貼在臉頰上，從下巴沿著臉部線條往上移動。按摩時在臉上塗油會比較容易滑動，才不會造成肌膚負擔。

使用熱石邊緣部分（edge），從鼻子沿著顴骨線條往太陽穴的方向移動。可有效促進淋巴循環，十分推薦用來改善水腫現象。

CARE 07

自我接納感

讓大腦休息、消除疲勞的頭部按摩

除了身體，大腦也需要澈底放鬆

我們這一生每天發生的意外插曲，都是由大腦在消化這些負面情緒，只要大腦一疲勞，身體也會跟著疲勞，導致健康出狀況，所以除了讓身體休息，也務必要讓大腦休息。

大腦疲勞會使頭部肌肉收縮，造成血液循環不良，有時還會出現頭部僵硬及浮腫的情形。這種狀態若持續發生，將會進一步衍生壓力，使自我肯定感下滑。為了避免這種情形，建議大家進行頭部按摩，好好放鬆頭部。

按摩整個頭皮之後，血液循環會變好，僵硬的頭部就會放鬆下來。透過按摩消除頭部疲勞，就能改善全身健康，不但肌膚及髮質會變好，還能消除臉部浮腫及肩膀痠痛等情形。接下來，就為大家介紹五種使頭部放鬆的按摩方式。

頭部按摩 ① ＜肌膚亮澤＞

不但可以調整賀爾蒙維持平衡，還能軟化皮脂、改善淋巴循環，肌膚也會因此變細緻。

① 按摩整個頭皮

用手掌包覆整個頭皮，以畫大圓圈的方式加以按摩。

② 往額頭方向輕撫

用手指代替梳子，從後腦杓凹陷處通過頭頂，往額頭方向輕撫。

③ 按壓五秒

手指沿著額頭的髮際線逐次往頭頂移動，並且每次按壓五秒。

④ 有節奏地輕彈頭頂

像彈鋼琴一樣，有節奏地，用指腹出力、輕彈頭頂。

⑤ 輕拉髮根

用雙手輕拉髮根，像梳頭髮一樣慢慢地用手梳開。

⑥ 輕拉耳朵

從耳朵根部開始輕揉至耳垂。輕揉至耳垂後，往下輕拉再放開。

頭部按摩② <美髮保養>

刺激中樞神經，改善大腦運作，使血液循環變好，抑制皮脂分泌，就能使秀髮閃閃動人。

① 按壓頭部中心線

雙手食指指尖疊放在額頭髮際線的正中央，按壓三秒。再順著頭部的中心線往後腦杓按壓過去。

② 按壓後腦杓凹陷處

① 的食指移動到後腦杓凹陷處（後頸窩）後，稍微用力、往斜上方按壓五秒。

③ 全面按壓整個頭皮

用一根食指從頭部的中心線開始，以間隔兩根手指的距離往左右兩側按壓，按壓至髮際線後，再往斜上方按壓五秒。以此方式按摩整個頭皮。

④ 用力按摩頭皮

將五根手指伸進頭髮裡，稍微抓著大量髮根活動一下，直到感覺有點疼痛為止。刻意地讓整個頭皮動一動。

⑤ 按摩頭皮表面

大膽地用力按摩頭部，讓頭皮表面活動一下。

⑥ 按壓肩膀中央

用右手按壓左肩正中央五秒。力道要適當，才能刺激到肩膀，另一側也以相同方式進行。

頭部按摩③ ＜緊實小臉＞

使皮脂保持平衡，皮膚才會變柔軟。睡前按摩一下，一早醒來就能擁有緊實的小臉。

①搓揉整個頭皮

將手指稍微拱起來抓著整個頭皮，用搓揉的方式，由下往上用力按摩整個頭皮。

②由下往上按摩

手指拼攏後伸直，並將雙手確實緊貼頭皮，從耳朵後方往後腦杓的正中央，稍微用力地由下往上按摩。

③按摩臉頰

雙手手背輪流轉動，從嘴巴旁邊往耳朵方向有節奏地往上按摩，兩頰都要按摩。

④用大拇指與食指來回按摩

用大拇指從耳朵後方按摩至後頸正中央，再換食指反方向按摩回來，來回共按摩三次。接著用食指以畫小圓的方式按摩相同位置。兩側都要進行。

⑤用拳頭往上按摩

右手握拳，用手指第二關節的彎曲處按壓左肩，直接沿著脖子側邊，稍微用力地往上按摩至耳朵後方。另一側也以相同方式進行。

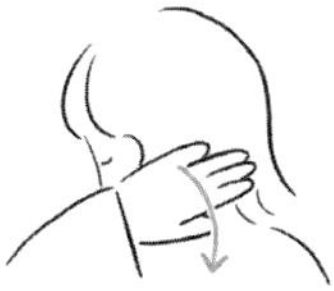

⑥用手掌輕柔按摩

用左手手掌，從左耳後方經由頸部線條，由上往下慢慢地按摩至肩膀。另一側也以相同方式進行。

頭部按摩④ ＜改善膚況＞

當肌膚或頭皮冒痘痘時，如要解決這類的肌膚問題，必須去除毛孔堵塞才行，可以藉由按摩調節皮脂平衡。

① 輕彈整個頭皮

雙手手指立起，用輕彈手法按摩整個頭皮。按摩時須刻意用指腹抓著頭皮一樣進行。

② 捏著後頸三處往上拉高

用大拇指和食指捏著後頸部位，從上方用力地將後頸窩、頸部中央、頸部根部這三處往上拉高。

③ 以鋸齒狀按摩整個頭皮

手指在後腦杓併攏，雙手往額頭正中央髮際線的方向，以鋸齒狀按摩整個頭皮（雙手指頭位置需錯開）。

④ 輕揉頸部

用指尖以輕揉方式，從耳朵下方按摩至鎖骨上方，來回共按摩三次。接著在同一個地方以畫小圓的方式輕揉，並來回三次。

頭部按摩⑤ ＜緩解肩膀痠痛＞

想要避免肩膀痠痛變成慢性疼痛，必須勤加保養，每天都要透過按摩來預防肩膀痠痛，依照①～⑥的整套流程進行按摩。

① 在頭部下方雙手交握，往上抬高五秒

仰躺下來後雙膝微彎，身體放輕鬆，雙手在頭部下方交握。慢慢地吐氣，同時將頭部稍微抬高並保持不動五秒。接著慢慢地恢復原來姿勢。

② 揉捏另一側的肩膀

頭部向右傾倒，用右手揉捏左肩。針對痠痛的地方調整按摩的力道和時間，好好揉捏從肩膀到頸部整個部位，另一側也以相同方式進行。

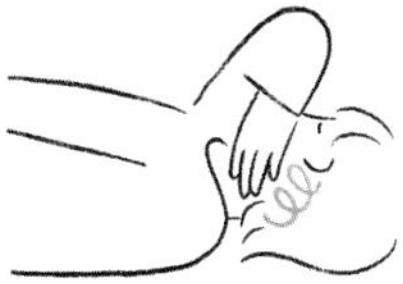

③ 以轉動方式按摩頭部與頸部的交界處

利用右手的食指至小指，以畫圓方式用力轉動按摩左側頭部與頸部的交界處。另一側也以相同方式進行。

④ 將左肩往右側拉

右手伸進左肩膀下方，稍微用力抓著之後，直接往右側拉五秒。換邊反覆進行。

⑤ 慢慢揉捏頭部

雙手扶著頭部，慢慢地大範圍揉捏頭部。確實運用指腹揉捏，讓頭皮好好放鬆。

⑥ 用力揉搓頭部

用手掌緊緊包覆頭部，雙手用力地從頭部側邊往頭頂部位，大範圍揉搓十次，直到頭部變溫熱為止。

CARE 08

自我效能感

適度運動讓心情保持正向積極

以完成運動的「成就感」，提升自我肯定感

活動筋骨對於提升自我肯定感是非常重要的一件事，**透過運動獲得的「成就感」，最適合用來提升自我效能感**。尤其是做肌力訓練，每天勤加訓練身體就會變緊實，一眼就能看出運動成果，對於提升自我效能感會非常有幫助。

還有慢跑，當全程跑完後就會讓人很有成就感，而且堅持跑完一段時間之後，腦內會分泌出「多巴胺」神經傳導物質，使人感到愉悅。建議去健身房的人，最好要設定一個明確的目標，不然一開始只是單純去做運動的話，很難持之以恆。例如立下目標要「腰圍減〇公分」，這樣就能激勵自己，當達成目標後，就會獲得高度的自我效能感。

透過運動可累積的「小小成就感」

運動不僅有益健康，也是最適合用來輕鬆提升自我肯定感的方法。建議大家要維持做肌力訓練或慢跑的運動習慣。

肌力訓練

每天只要做幾分鐘的肌力訓練即可，日積月累就能獲得小小的成就感。長期做肌力訓練，體格會變好，讓自己對外表充滿自信，自我效能感也會提升。

慢跑、健走

有些運動做起來很輕鬆，例如慢跑或健走等有氧運動，就非常推薦大家。動一動筋骨，人自然就會變得樂觀積極，還能有效解除壓力。

COLUMN

下午三點到四點，是肌力訓練最佳的時間點

最適合做肌力訓練的時間，一般據說是在下午三點至四點這段期間。因為人有生理時鐘的節奏，而體溫升高運動表現變好的時段，通常會落在傍晚；體溫最低的時段，則是在早上六點和晚上十點左右。配合生理時鐘做運動，才能獲得更理想的效果。

CARE 09

自我效能感

從飲食中攝取色胺酸，維持心理健康

分泌幸福賀爾蒙的血清素

想要保持心情穩定，飲食扮演著重要的關鍵，尤其大家要留意必需胺基酸「色胺酸」的攝取，少了色胺酸便無法分泌出「血清素」，這種幸福賀爾蒙可以調整自律神經。

色胺酸透過飲食就能攝取得到，大量內含色胺酸的食材，除了豆腐、豆漿、納豆、醬油等大豆製品之外，還有起司及牛奶等乳製品、豬肝、米等。**白天色胺酸會在大腦內轉變成血清素，晚上會轉變成幫助入睡的褪黑激素。**一旦少了色胺酸，睡眠品質就會變差，透過飲食留意色胺酸的攝取，增加血清素的分泌量，就能順勢提升自我肯定感。

富含色胺酸的食品

在日常飲食中，盡量攝取內含大量色胺酸的食材，能有效促進身體分泌出幸福賀爾蒙。

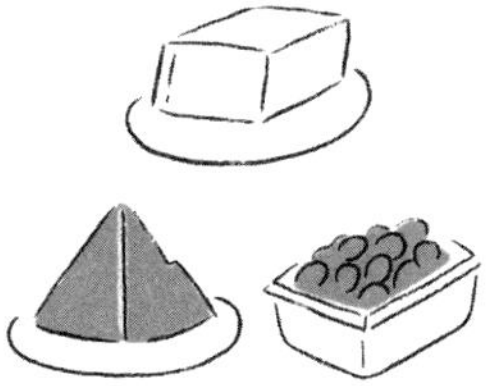

大豆製品

諸如豆腐、味噌、納豆、大豆、醬油等。大豆甚至被稱作「天然的營養食品」，營養價值高，又屬於高蛋白質食物，可以的話盡量積極攝取。

乳製品

起司、牛奶、優格等，尤其是好消化吸收的牛奶，最適合在睡前攝取，可以獲得優質的睡眠。

其他

米等穀類，還有芝麻、花生、蛋、香蕉等食材也都內含色胺酸。雖然肉類也含有色胺酸，但是大腦較不容易從動物性蛋白質中吸收色胺酸，因此建議從植物性蛋白質中攝取。

POINT

從植物性蛋白質攝取色胺酸

雖然肉和魚也內含許多色胺酸，但是 BCAA 支鏈胺基酸會在大腦內妨礙色胺酸的合成，因此最好盡量從大豆製品這類的植物性蛋白質中攝取色胺酸。不過內含維生素 B6 的雞胸肉、雞里肌等肉類以及鮭魚、鯖魚、秋刀魚等魚類，與碳水化合物一同攝取後，BCAA 會在肌肉上發揮作用，促進色胺酸的合成。

CARE 10

自我信賴感

練習正念，清除每日累積的煩躁情緒

覺得心很累，就慢慢深呼吸

自我肯定感低落，感覺心很累的時候，人會陷入負面思考，往往會產生許多焦慮、不安、恐懼的情緒。想要避免這種內心亂糟糟的情形，最好的方法是進行所謂正念的冥想練習。

正念是將注意力集中在「當下」，可以調整一個人的心思意念。具體做法共有四大步驟，如左頁所示，只須重複三次平均達八秒的深呼吸即可，花個三十秒就能輕鬆做完這套冥想法。想要進一步提升自我肯定感的人，請一天反覆做三次這套三十秒的冥想法。

大家可以試著在一天的開始及結束時，或是每週做一次正念練習。使內心保持平靜，進而感到從容自在，感覺擁有無限可能的創造力。

讓情緒重整的三十秒正念練習

在一天的開始或結束時，進行簡單的正念練習。讓自己從焦慮、不安及恐懼中獲得解放，感受輕鬆的餘裕。

① 將注意力集中在肚臍下方

雙腳併攏站好，將手放在肚臍下方（丹田）。使注意力集中在丹田處，就能掌控呼吸。

② 從鼻子吸氣，從嘴巴吐氣

雙腳打開與肩同寬，雙腳腳掌確實貼地，就像與地球緊密相連一樣。想像著岩漿從腳底流入由頭頂竄出，同時慢慢地從鼻子吸氣，從嘴巴吐氣。

③ 感受能量

白天進行正念練習時，要在腦海中想著太陽，晚上的話則想著北極星。感受著太陽及北極星的光輝，想像光之能量進入大腦。慢慢地從鼻子吸氣，緩緩地從嘴巴吐氣。

④ 感受自我軸心

感覺從腳底傳來的大地能量，與頭部的光之能量連成一線，在自己體內形成軸心。

CARE 11

自我效能感

出門時，偶爾嘗試不同的打扮風格

有別以往的打扮，會讓自己心情更好

每天一成不變的樣貌，也能試著改變，讓生活更有樂趣，提升自我肯定感。**比方說，每天總是化一樣的妝容，試著購買不同的化妝品，挑戰沒用過的色彩。**看著有別以往的自己，就會出現小小的雀躍感。

另外，也建議大家可以專攻自己喜歡的部位或不喜歡的部位，研究看看其他的化妝方式。聚焦在一個部位上，慢慢地化妝技巧也會變純熟，讓自己獲得成就感。

舉例來說，眉形會大大影響一張臉給人的印象，試著去研究適合自己的形狀及顏色，相信很容易就會有所心得。也可以請百貨公司的專櫃人員，以專業的角度幫自己上妝，嘗試改變一下以往的風格。

提升自我肯定感的彩妝建議

用點心思改變妝容，整個人就會變得積極有活力。發掘自己喜歡的模樣，讓自己更有自信吧！

使用有別以往的色彩

你是不是每天都使用相同的化妝品？試試看平時不會用的彩妝顏色，讓自己有別以往、更有精神。

試著聚焦在一個部位上

不管是喜歡的部位或是不喜歡的部位，建議大家好好研究，嘗試不同的化妝技巧。化出更好看、更適合自己的妝容，人也會更有自信。

請專櫃人員幫自己化妝

請專業彩妝師或是百貨公司裡的專櫃人員幫自己化妝，看到有別以往的自己，也有助於提升自我肯定感。

CHAPTER 5

打造滿足感的
快樂生活提案

在日常生活中，
有許多簡單的方法和習慣養成，
可以輕鬆地提升自我肯定感。
從飲食、興趣以及穿著打扮，
還有能溫暖人心的人際交流等方面，
許多方法都能讓日常生活更加充實。
參考這些做法之後，
一定能讓每一天都笑容滿面、
感受到滿足充實的愉悅。

CARE 01

自我接納感

記錄飲食日記，選擇對自己有益的飲食內容

透過有意識的選擇飲食，讓身心狀況更好！

每日的飲食，除了能造就我們體內的血管及細胞之外，還能幫助大腦運作，因此，從食物攝取到的營養，必定會對我們的身心帶來巨大影響。正因為如此，希望大家要好好檢討飲食不正常的問題，最好的方式是寫飲食日記。這麼做並不是在否定過往的飲食內容，**只要記錄下來，就能藉此了解自己的飲食習慣。**

大家可以將三餐菜單記在筆記上，或是用手機拍下餐點的照片，做法不拘。然後每週回顧一次飲食日記，了解一下吃了哪些東西之後身心狀況良好，就能找出適合自己的飲食習慣了。

記錄「飲食日記」，是照顧自己的基本功

將每天的飲食記錄下來，找出適合自己的飲食習慣；把三餐記錄在手機的記事本，或直接拍照記錄，從今天開始試試看吧！

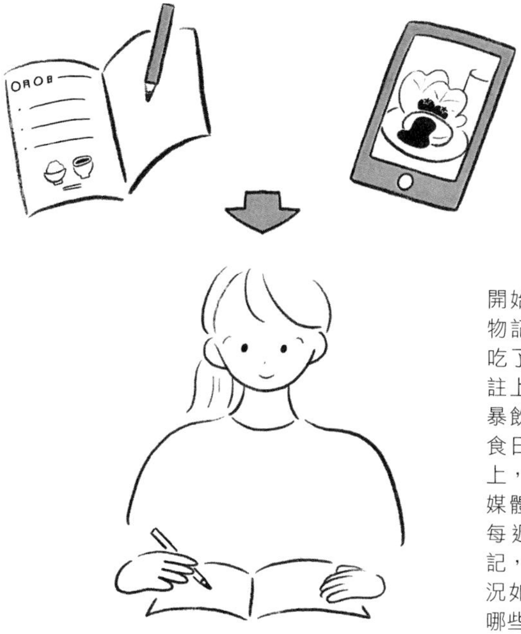

開始將每天的飲食內容物記錄下來，關心自己吃了什麼，將體重也加註上去的話，還能避免暴飲暴食而不自知。飲食日記可以寫在行事曆上，也可以上傳到社群媒體，每日更新，然後每週回顧一次飲食日記，看看該週的身體狀況如何，還有必須留意哪些地方。

COLUMN

被公認最有益健康的「地中海飲食」

希臘以及義大利的地中海飲食，一直被視為是有益身體健康的飲食，備受全世界矚目。地中海飲食內含大量蔬菜，脂肪部分使用優質橄欖油，主菜使用富含蛋白質的海鮮及雞肉等食材，營養十分均衡。

CARE 02

自我有用感

累積與他人的良好交流，也能提升自我肯定感

採取主動並笑臉迎人

「人際關係就像自己的一面鏡子」，相信大家都聽說過這句話，如果自己對對方很反感，對方也會對自己很反感。有鑑於此，最重要的就是先笑臉迎人，向對方打開心房。

大家都很重視從聲音語調，以及肢體語言所獲得的訊息，**看到對方笑了就要一起笑，能適度的迎合對方、製造氣氛的話，人際關係大多都會十分順利。**其實，就算與對方持不同意見時，也不要當場反駁，避免影響對方心情，可以用先聽聽對方想法的心態，當成拓展自己的視野。如果想讓對方有好感，也十分建議大家主動打招呼，或是湊向前去傾聽，甚至做出誇張一點的反應也無妨。

建立良好人際關係的四個技巧

就算是不善言辭和交際的人，也能輕鬆在與人來往時使用的四個談話技巧，關鍵在於滿足對方的認同欲望。

看到對方笑了，就一起笑

我們都擁有所謂「鏡像神經元」的神經細胞，所以當對方笑了，我們也會出現想笑的現象。透過活化鏡像神經元，對他人產生共鳴的能力就會提升，有助於建立良好的人際關係。

稱讚對方「你做得很好！」

當意見對立時，不要完全否定對方，應該先試著認同對方，告訴對方：「你的做法也不錯！」暫時先接受對方的意見，讓自己內心產生餘裕，得以用寬廣的角度看待整件事。

主動打招呼

主動打招呼不但會給對方一個好印象，還能拉近彼此的距離，十分建議大家在打招呼前後，呼喚對方的姓名，這樣可以更加滿足對方的認同欲望。

試著做出誇張的反應

我們會很容易被和自己產生共鳴的人吸引，湊向前去傾聽對方說話，或是做出誇張的反應跟對方說：「就是你說的這樣！」好感度就會上升，也能夠滿足對方的認同欲望。

CARE 03

自我效能感

每週安排一天，做到五件好事

幫助別人，會讓自己更有自信

對別人好的時候，對方一定會開心地道謝。心理學研究證實，人只要多多行善，幸福感就會提升，這是因為自主行動的作為令別人感到開心之後，自己就會更有自信。善行不僅對他人有益，還有另一個優點，就是能發現自己的價值。

但是做善事做習慣後，幸福感也會變淡，**不需要天天都做好事，建議大家「每週選一天，做五件好事」，用這樣的頻率來挑戰看看。**例如讓路、搭電車時讓位，在日常生活中設法做些好事吧！最重要的是「Give and Give」的精神。

可以做哪些好事

重點在於關心身邊的人並積極幫助對方，以自己能力所及，在日常生活當中實踐看看。

關心身邊的人

例如：向提著重物的人提供幫助等。留意身邊的人，看見有人需要幫忙時便主動出聲。

禮讓孕婦及親子

孕婦或親子出門時，總是會處處感到不安。若有旁人的隨手協助，會讓人得到很大的鼓勵。

撿拾路邊的垃圾

撿垃圾讓街道維持整潔，可以振奮人心，獲得成就感，非常建議大家加入志工活動。

捐血

捐血可以助人，對社會有貢獻，也能讓自我肯定感提升。

⊕ 自我有用感

CARE 04

一天一次讚美身邊的人，讓幸福擴散出去

「身上的物品」是最佳的切入點

人有一種特性，只要一被稱讚就會開心，並反過來誇獎對方；像這樣一來一往之後，彼此都會感覺到很幸福。一天當中至少找一次機會，好好地讚美身邊的人，讓這種快樂的感覺擴散出去。

只不過，若是要讚美外表或性格，其實並不簡單。請試著去留意對方身上的物品，例如可以稱讚對方戴的首飾、衣著或飾品等。**基於喜歡才會選購這些物品，當聽到他人的讚美就會感到自信。**此外，也可以跟對方說：「某某人曾經讚美過你！」這樣也會很有效果。聽到來自第三者的稱讚，不但可信度更高，開心的感覺也會倍增。多用讚美的方式與人交流，人際關係會更圓滿。

真誠讚美對方的方式

想要讚美對方，有時卻又擔心「聽起來會不會像在奉承……」；下列的方式能輕鬆地說出讚美、又不會讓對方覺得彆扭喔！

告訴對方來自第三者的稱讚

聽到第三者稱讚自己沒注意過的優點，會感覺可信度更高。只要告訴對方：「某某人曾經讚美過你！」一定會讓對方感到很開心。

稱讚對方身上的物品

將焦點放在對方身上的物品上，例如稱讚對方身上的物品：「妳的飾品很好看呢！在哪裡買的？」讓對方感覺自己的價值觀受到認同。

POINT

趁本人不在場時多加讚美

比方說，當你知道嚴厲的主管其實總在背後稱讚自己的時候，心情一定會一下子變得十分振奮，而且對於一直不知道如何相處的主管，也會充滿信任感。就像這樣，趁著本人不在場時多加讚美，雙方的關係就會越來越好。

自我接納感

CARE 05

多多發掘別人的優點，並寫在筆記上

認同對方，就是認同自己

感覺總是無法與對方拉近距離時，可能是因為你對這個人並不感興趣。在心理學上，人有所謂的「互惠原則」，也就是在接受對方的好意之後，會想要有所回報的心理原則。因此，當對方對自己並不感興趣的時候，務必先由自己主動去關心對方。

想要引起某人注意時，第一步要做的，就是從平時養成尋找對方優點的習慣，才能對他人產生興趣。對象可以是公司的主管或是任何一個朋友都行，找到對方的優點之後，請記在筆記本或手機上。只要能發現對方的優點，也就能了解自己的優點，認同對方，也就能認同自己，當自我肯定感提升後，人際關係也會變得越來越好。

如何發現他人的優點

尋找對方有何優點的過程中，也能發現自己的優點，再將這些優點記在筆記上，效果會更好。

在視線範圍內尋找看看

首先將看得到的事情寫下來。例如「桌上總是整理得十分整齊清潔」、「穿著品味很好」等。

觀察對方的個性及行為舉止

比方說，總是笑臉迎人、總是開朗樂觀、經常關心周圍的人等，試著仔細觀察身邊的人的個性及行為舉止。

積極地與對方互動

向對方提問、讚美對方……讓對方知道你對他的關心，這樣一來對方也會開始關注你，增加彼此積極的互動。

自我信賴感

寫信感謝
曾經幫助過自己的人

「信件」是進一步提升幸福感的工具

向身邊的人表達感謝之情，也能直接使自己的幸福感提升，其中，利用寫信的方式表達感謝，效果特別顯著。寫信的動作，會讓情緒滲入到信件的內容裡，對方看了之後，**感謝之情就會形成記憶烙印在自己腦海中，如此一來，除了幸福感會提升之外，還能獲得安心感，對他人更加信賴。**

第一步，請將你覺得受過對方關照的人列表出來，例如父母、學校老師等（仔細想想，這個名單應該很長），接著選出幾位，實際寫信給對方，表達感謝之意。雖然單純寫完一封信也可以，不過實際將信件送出去的話，幸福感會更加提升。讓彼此都能感到幸福，建立起良好的關係。

實際寫下感謝的內容，能大幅提升幸福感

將感謝的話語寫進信裡，感謝之情便會形成深刻的記憶，能讓人感到更加幸福，可以先從每個月寫一封信做起。

① 將過去關照過自己的人列出來

想想看，過去哪些人曾經關照過自己以及哪些人很重要，並將名字列出來。將名字寫下來之後，會讓你確實感覺到自己並非獨自一人，自我接納感就會提升。

② 試著將感謝的話語寫在信中

實際將感謝的信寫下來看看，用簡單幾句話寫出來也可以。在信中寫下「謝謝」之後，幸福感就會提升。

POINT

將感謝的信送出去，幸福感會更加高漲

除了寫信之外，再將信送到想要感謝的人手上，如此一來，彼此的內心都會感到很溫暖，幸福感會更加提升。備齊自己喜歡的文具用品，準備收信者會喜歡的明信片、信紙等，也會讓人覺得很快樂。

CARE 07

⊕自我有用感

養成一天感謝一次的習慣

感謝的心情及話語，是提升幸福感的強大能量

現在很煩惱人際關係不順利，或是遇到棘手狀況的人，先試著說聲「謝謝」，讓內心充滿感謝的心情吧！**人活在這世上，感謝會化為喜悅的能量，而且喜悅的能量隨後將越變越大。**因為「現在」的狀況，是由過去一連串的事情造就而成，所以現在一連串的事情，將會造就出未來。也就是說，內心充滿感謝的心情，形成「現在」喜悅的能量，使得光明的未來指日可待。

重點是要「感謝理所當然的一切」。舉例來說，回想一下今天遇到的人，無論多麼微不足道的事情都要心生感謝，甚至可將「謝謝」這幾字當作口頭禪。養成感謝的習慣，就能引導你走向光明的未來。

時時心懷感謝的練習

常懷感謝的心情並說出口，有助於建立起良好的人際關係。此時的「謝謝」一詞，就是能召喚幸福的神奇咒語。

感謝理所當然的一切

回想一下今天遇到的人，無論如何微不足道的事，都要養成心生感謝的習慣。例如「謝謝對方回電子郵件給我」、「謝謝對方找我聊天」等，回顧今日一整天的生活，並充滿感謝的心情。

養成說「謝謝」的習慣

「謝謝」一詞會讓對方覺得溫暖、感到開心，能夠讓彼此的感情加深。說「謝謝」的次數越多，相信自己被人道謝的次數也會越來越多。

遇到討厭的事情，要感謝「當時的意外」

即便遇到討厭的事情，也要試著感謝當時的意外狀況。轉念成「這是能讓自己成長的機會」，心情就會變輕鬆，讓自己樂觀地向未來邁進。

CARE 08

自我信賴感

將喜歡的東西擺在桌上激發動力

將喜歡的東西擺在桌上，打開「快樂」的開關

面對工作的時候，有時難免會心情緊繃，尤其是自我肯定感低落的人，對於要去上班這件事，很容易陷入負面思考，心裡會想著「今天的會議真不想出席」。在職場上總是擺脫不了負面情緒的話，也無法一直專注在工作上。

這時候，可以利用一些小技巧：試著在辦公桌上擺些能讓心情變好的物品，不論是心儀偶像的鑰匙圈或相框，什麼東西都行。**只要這類物品進入自己的視線，就能讓內心打開「快樂」的開關，在無意識間接收到正向訊息。**就算只是在家裡玄關張貼喜歡的海報，也會讓人在外出時情緒高漲起來，感覺「今天也能繼續奮鬥下去」！

立刻振奮心情的簡單小祕訣

試著在個人空間擺放布置喜歡的物品吧！個人獨享的快樂空間，有助於提升自我肯定感。

① 在桌上放置喜歡的物品

在辦公桌上擺些自己喜歡的東西，就能使心情振奮起來。如照片、偶像周邊商品、人偶、布娃娃、觀葉植物等都可以。讓人遠離不安的感覺，提升自我肯定感。

② 使用有香味的物品

放置一些香氛精油、香氛蠟燭或是護手霜等香氣宜人的物品，來自嗅覺令人感到舒服的刺激，有助於消除壓力，十分推薦大家使用。

③ 在玄關張貼喜歡的海報

在自己房間或是玄關等空間，裝飾喜歡的海報、繪畫或照片。尤其是玄關，每次外出時就會看到，能讓心情振奮起來。

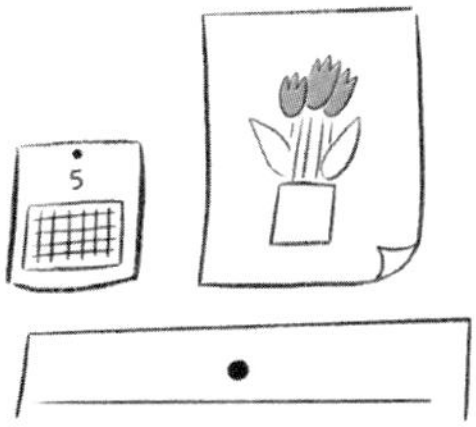

自我接納感

CARE 09

每天花五分鐘，打掃平日常用的地方

每天隨手打掃，是讓心情平靜下來的祕方

自我肯定感會下滑的原因之一，可能是因為生活千篇一律、情緒一成不變的關係。為了防止這種情形，建議大家每天花個五分鐘做打掃工作。打掃的地方，可以是每天使用的廚房、浴室或廁所都行。

正因為這些都是經常看得見的地方，才能讓人實際體會到打掃乾淨的感覺。但必須留意一點，像床底下或是電視後方這類打掃起來有些困難的地方，打掃起來負擔太大，反而會感受不到成就感。打掃時默默擦拭的動作，可讓人將心裡的煩惱以及不安一掃而空，內心會平靜許多。還有改造房間也是相同道理，同樣能讓心情煥然一新。

隨手五分鐘整理，輕鬆提升自我肯定感

打破千篇一律而一成不變的生活，建議每天做五分鐘的打掃工作。實際體會到家中變乾淨的感覺，非常有助於提升自我肯定感。

花個五分鐘，隨手打掃一下常用的廚房、廁所、浴室、洗臉檯等處即可。

ADVICE

更換地墊、床罩等物件，也能感覺煥然一新

玄關地墊、大門把手、餐具墊等小東西，簡單換個顏色，就能使心情煥然一新。想要一口氣提升自我肯定感的時候，將窗簾或床罩這類顯眼的物品重新換裝，也會很有效果。這時候不妨選用可以振奮心情的紅色，或是能讓情緒平靜下來的綠色也很不錯。

CARE 10

自我效能感

用一場小旅行
放鬆身心或者重振精神

旅行具有消除身心疲勞的效果

旅行可以從物理與心理層面讓人脫離倍感壓力的日常生活，讓人得到紓壓並使心靈回復平靜的效果。

旅行時最重要的就是確定目的為何，是想要放鬆身心或是重振精神。視當時的目的規劃行程，才能讓自己的心情在這趟旅程中獲得改善。例如想要放鬆的時候，最好安排溫泉旅行讓身心休養，或是規劃一趟盡享自然風景的旅程。

如果要重振精神的話，最好安排登山或是水上運動這類動態活動的旅行。讓自己沈浸在成就感和充實感當中，自我效能感將會大舉提升。

提升自我效能感的旅行方式

外出旅行時，先確定目的是想要重振精神或是放鬆身心？這樣才能進一步使心靈回復平靜。

想要重振精神時，可以安排「動態的旅行」

想要重振精神，或是希望這趟旅程充滿歡笑的時候，可以安排動態的活動。例如登山、健走、水上運動等，最好能讓身體活動一下，體驗一些平時不會從事的活動，讓壓力一掃而空。

想要放鬆身心時，要規劃「靜態的旅行」

想要放鬆的時候，不妨安排能讓人身心舒暢的溫泉旅行、飽覽絕美景色的兜風之旅、美食之旅等。減少身心活動量，藉由旅行好好放鬆。

POINT

用一個人的旅行，提升自我肯定感

獨自旅行的時候，所有行程都必須自行決定並單獨行動。雖然按照計畫旅行最萬無一失，不過隨興的旅行卻可以考驗自己的決策力，有助於提升自我肯定感。

CARE 11

自我決定感

感覺煩躁時，試著專心把一張著色畫上色

用「心流狀態」讓大腦放鬆下來

畫著色畫也是提升自我肯定感的好方法。在著色的當下會讓人感到很快樂，具有減輕焦慮的效果，讓自己沈浸在著色的動作裡，大腦會進入「心流狀態」，可以使人放鬆下來。**積極營造「心情放鬆的狀態」，自我肯定感就會提升。**再者，右腦主掌藝術相關的感性，左腦主要用於思考，當左右腦平衡發展，對於大腦才有會好的影響。

除此之外，可以自行決定繪畫用具、使用顏色和著色方式，也是「自我表現」的一種，將會強化自我肯定感之一的「自我決定感」。著色畫除了享受著色的樂趣之外，對於心靈和大腦也很有幫助。

畫著色畫對於身心有益的四個好處

透過將著色畫上色的過程，對於提升自我肯定感有很大的好處！

在著色的過程中，除了減輕焦躁情緒，能讓人放鬆下來之外，決定畫什麼顏色的過程中，可增進自我決定感，還能使左右腦平衡。買些能提振精神的著色畫用品，開始畫畫吧！

CARE 12

自我效能感

挑選衣服時，詢問店員的意見看看

好看的服飾會立刻增加自我信賴感

自我肯定感偏低的人，對自己缺乏自信，往往不覺得追求時尚會令他們快樂，而且似乎很多人都對流行資訊興趣缺缺。但是流行時尚就和髮型一樣，除了會大大改變一個人的印象之外，**穿上自己喜歡又很合適的衣服，可以大幅地增加自我信賴感。**

話雖如此，相信有些人根本不知道自己適合哪些衣服，建議可以直接詢問服飾店的店員。穿上由專業眼光挑選出來的服飾，你將看見前所未見的自己，自我效能感便會提升。對於流行時尚沒有自信的人，請一定要試試這個方法。

請服飾店的店員幫自己挑衣服

對於流行時尚沒有自信，時常為此感到煩惱的人，最好請這一行的專家來幫自己挑選。當對於時尚流行越來越有自信之後，生活就會充滿樂趣。

不知道自己適合什麼類型的流行服飾，不妨請服飾店的店員幫自己挑選衣服，或是問問店員自己挑選的衣服適不適合自己。能夠得到別人的認同，自我效能感就會提升。

POINT

想讓心情煥然一新，就選紅色

想讓心情煥然一新時，或是想讓自己更顯眼時，最好穿上紅色的衣服。紅色在視覺上屬於「強烈色彩」，因此想突顯自己與強調自信時，請多多選用紅色。

CARE 13

自我效能感

每週一次享用愛吃的美食，分泌「幸福賀爾蒙」

用喜歡的美食犒賞一週的辛勞

維持身體機能和大腦運作，全都要靠每日的飲食。但是對飲食限制太多，讓「吃」變成一種壓力的話，可就本末倒置了。建議大家要每週安排一次，毫無顧忌地盡情享用想吃的食物。**就算是垃圾食物也沒關係，重點是不要忍耐，正視自己的欲望，吃些想吃的食物。**

情緒低落，感到壓力很大時，代表「幸福賀爾蒙」的血清素和多巴胺已經不足了！每週至少安排一次盡情享用美食的機會，促進幸福賀爾蒙分泌，就能讓心靈稍微恢復平靜。同時也是為了讓自己獲得一種「這週也做得很好」的成就感，請好好地犒賞自己一下。

一週一次享受美食的自我鼓勵

為了維持動力，使自我肯定感持續高漲，安排每週一次的美食日！用「吃美食感到開心」讓幸福賀爾蒙分泌，提振低迷的情緒並減輕壓力。

為了身體健康，控制飲食是一件很重要的事，但是過度壓抑自己不能吃愛吃的食物，整個人就會缺乏動力，有益身體的飲食習慣也會無法持續下去。

POINT

疲累時別勉強，吃口甜食撫慰心情

疲累的時候就會想吃甜食，這是因為甜食一吃下肚，大腦內就會釋放出神經傳導物質「腦內啡」，會使人感到幸福。不妨善加運用這種功效，讓大腦開心一下吧！

CARE 14

自我有用感

戴上喜歡的配飾，有助於提升自信

用奢侈的獎勵，慰勞自己的努力

只要穿戴上好看的飾品，心情就會變得很好；飾品隨手就能穿戴上身，可以方便地提振心情。**買下寶石或黃金打造的昂貴飾品用來犒賞自己，可以讓人真切感受到過去努力的成果。**每次將努力獲得的東西戴在身上，會讓自己回想起當時的成就感，一想到「我真的很努力」，就會充滿自信。

除了飾品之外，也推薦大家買手錶或香水來犒賞自己。香水的香氣容易和記憶產生連結，在諸事順利時使用的香水，它的香氣會成為一種幸運物，讓人覺得「只要擦上這款香水肯定一帆風順」；不妨在關鍵時刻使用這種幸運物，增加自己的自信。

提升自信的隨身必備單品

打扮時不可或缺的飾品、手錶、香水等單品，好好地善加運用，就能簡單又快速地提高自信。

飾品

耳針、耳環、戒指、項鍊、手鐲這類的飾品，可用來輕鬆展現出一個人的個性。可視當日的心情及狀況作搭配，養成穿戴的習慣，每天作變換。

手錶

犒賞自己努力付出而買下的手錶，可以發揮護身符的作用。束手無策的時候，突然看到手錶就會讓人想到「自己曾經很努力」，回想起成就感，恢復自信。

香水

香氣會在身心兩方面發揮作用，當特定的香氣與記憶連結在一起，每次聞到香氣就會喚醒記憶。隨身攜帶「擦上就會諸事順利」的香水，遇到緊急時刻就能拿出來使用。

ADVICE

穿戴出去的飾品，要定時保養擦拭

隨身穿戴的飾品，你都是如何保存呢？養成習慣用完後擦拭乾淨，光是好好地對待物品，就能使自我肯定感提升。

CHAPTER 6

立刻提升正能量的 12個習慣養成

來到最後這個章節，
將介紹大家可以立刻活用、
使自我肯定感提升的日常習慣。
學會幾個簡單的技巧，
遇到狀況不佳、心情低落時，
就知道如何因應，
了解該如何面對負面情緒。
養成關心自己的習慣，
進而擁有堅強的心去克服一切難關。

CARE 01

自我尊重感

起床時，用「雙手高舉」的姿勢提振精神

用簡單姿勢提振精神

一早醒來後，第一步要馬上拉開房間窗簾，接著讓外界空氣進入屋內，用力地伸伸懶腰，將拳頭舉高，做出類似高喊「太好了！」的姿勢。

只需要這麼做，就能在一天的開始讓精神為之一振。這個姿勢會使所謂的勇氣賀爾蒙，也就是睪固酮的分泌量增加。

另外，再加上緊緊抱住自己、說些讚美的話，自我擁抱也能有效提升自我肯定感。促進可使內心平靜的血清素、腦內啡、可促發情愫的催產素等神經傳導物質分泌出來。

有效提升自我肯定感的姿勢

只須利用一些簡單姿勢，就能讓精神為之一振。讓這些姿勢習慣化，當心裡難過時就來做做看。

「雙手高舉」的姿勢

早上起床用力伸展身體之後，將雙手拳頭舉高，做出大喊「太好了！」的姿勢。做這個姿勢不僅血液循環會變好，還能使大腦內分泌出激發勇氣的賀爾蒙。在早上做「雙手高舉」的姿勢，還具有調節生理時鐘的效果，讓新的一天可以神清氣爽地展開。

自我擁抱

自我肯定感低迷，無法擺脫負面思考時，不妨用右手緊抱左肩，用左手緊抱右肩，將自己完全抱住。一開始先擁抱八秒，隨後慢慢地深呼吸。緊緊擁抱時，要對自己說一些稱讚的話，告訴自己「你真的很努力」。

POINT

改穿舒適的衣服

自我擁抱的時候，建議大家改穿觸感舒適、品質良好的衣服。只要觸摸到感覺舒服的物品，內心就會感到平靜，慢慢地放鬆下來。

⊕自我尊重感

CARE 02

早上起床後猛力拉開窗簾，開啟自信的一天

靠自己的雙手展開一天

對自己沒什麼自信的人，必須藉由一些小動作，激發一下自我尊重感。有一個人人都做得到方法，想在此推薦給大家，就是早上起床後，不管在哪一個季節，無論天氣如何，務必用自己的雙手拉開窗簾。因為拉開窗簾這個動作，可以有效激發出自我尊重感。

做得到的人，最好用雙手猛力拉開窗簾，**藉由這個動作，可以讓人真實體會到一天就要展開了。**這種靠自己的雙手展開一天的感覺，會帶來小小的自信。若當天是好天氣，當太陽從窗邊照射進來，陽光還會使血清素（幸福賀爾蒙）分泌，效果更好。

養成習慣，起床後拉開窗簾

當作早上的例行工作，用自己的手將窗簾打開。透過養成這個習慣動作，讓天天都是美好的一天。

無論是晴天或雨天，早上起床後，務必用自己的手將窗簾打開。打開窗簾的行為會為大腦帶來刺激，讓人能夠展開美好的一天。而且當陽光從窗戶照射進來，還會促進幸福賀爾蒙的血清素分泌。

POINT

設定好起床後的儀式感

想要度過最美好的一天，一定要事先設定好早上的例行工作。規定自己從起床到外出這一小時的時間該做什麼事之後，人就會「自動完成早上的準備工作」，讓一天有個神清氣爽的開始。

CARE 03

自我有用感

讓身體快速放鬆、不累積疲勞的小保養

抽出一點時間，療癒自己每日的辛勞

終日忙碌不停，能夠安穩入眠的日子少之又少，如果你一直有這樣的困擾，應該要設法改善副交感神經的運作。首先第一步，就是要讓眼睛休息。眼睛是與大腦直接連結的器官，屬於訊息的入口，俗話說「眼睛是心靈的窗戶」，因此眼睛一疲勞，有時對事物就會出現認知偏誤。用慰勞自己的心情，讓眼睛的肌肉放鬆一下。

回家後可以用熱毛巾熱敷眼睛，促進眼周的血液循環，有助於改善眼睛疲勞。泡澡時按摩一下眉毛與眼皮之間的眼角一帶，也能獲得同樣的效果。另外，推薦大家按壓手部穴道加以按摩，請找一個能喘口氣的地方，好好按摩一下雙手。

隨時都能做的穴道按摩與伸展操

長時間坐著辦公，或是因運動不足壓力很大的人，可以定期按壓穴道或是做伸展操，讓身體保持健康的簡單自我保養。

手部穴道

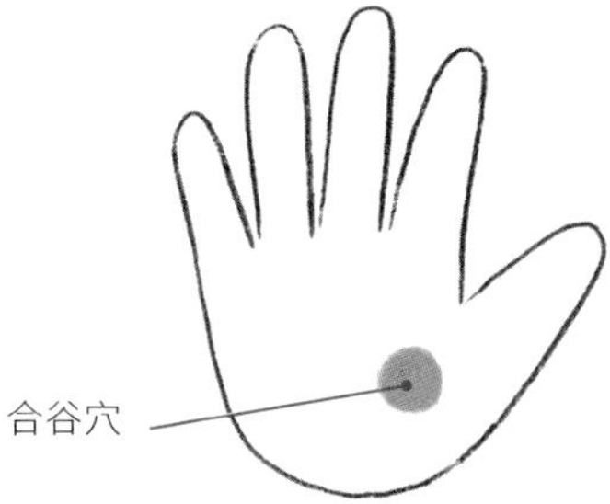

合谷穴對改善頭痛、眼睛疲勞以及預防感冒都十分有效。用另一隻手的大拇指指腹，按壓手背上食指與大拇指骨頭相交的部位。

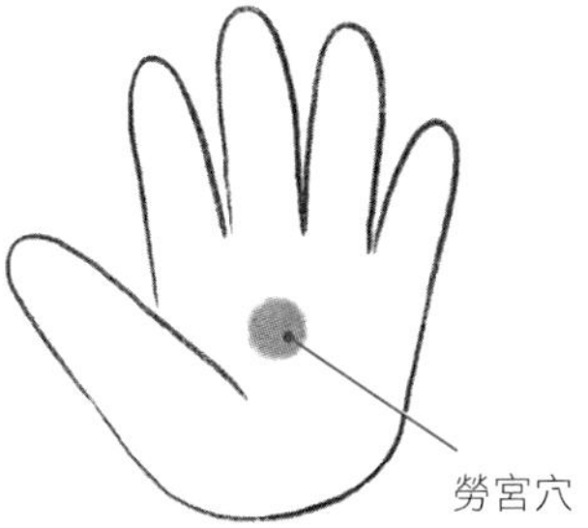

勞宮穴可以調節自律神經，緩解緊張情緒。請按壓握拳時中指與無名指會碰到的部位正中央，同時轉動一下。

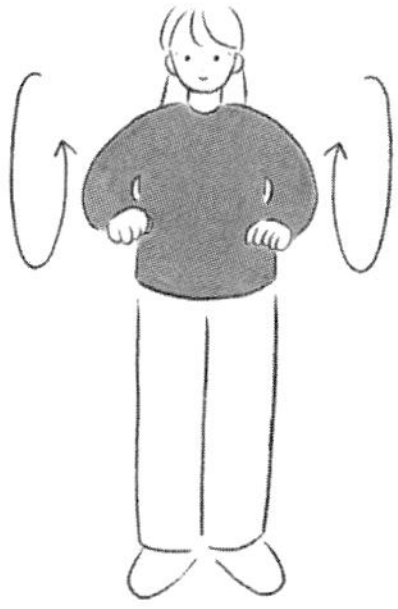

轉動肩膀

活動一下肩胛骨周圍的肌肉。分別將肩膀往前往後轉動三十秒。動動肌肉會改善交感神經的運作，使人放鬆下來。

按摩眼部

按摩放鬆一下眉毛與眼皮之間的眼角一帶，就能使副交感神經活躍運作。

CARE 04

自我接納感

常說「放心／開心／沒問題」，讓心情自然放鬆

口說肯定語言，讓心情正向又放鬆

比起心裡的想法，大腦更傾向於牢牢記住語言及動作。有鑑於此，從自己口中說出來的話，也會對自己的情緒造成很大影響。當你說出「好累」、「真討厭」、「難受死了」，整個人就會被負面情緒所支配。

平時刻意使用正向語言，心情就會變輕鬆，精神狀態也會變好。建議大家要常說「真安心」、「好快樂」、「太好了」、「我做得到」、「沒關係」這類肯定的語言。即便在工作或私生活上感到不安，只要試著說出「我做得到」，就能提升自我肯定感，發覺凡事一定會船到橋頭自然直。

把這幾句話當作口頭禪，幫助正向思考

讓自己刻意使用一些正向語言，習慣之後，潛意識就會產生變化，使自我肯定感逐步提升。

【自我尊重感】	【自我接納感】
認為自己有價值的感覺 ・沒問題、沒問題 ・我最棒／好！ ・做得好！	如實認同自己的感覺 ・可以的、做得到、沒問題 ・我真的很努力 ・一個人最棒！ ・別人是別人，我是我
【自我效能感】 自己做得到的感覺 ・船到橋頭自然直！ ・我真是天才！	【自我信賴感】 能夠相信自己的感覺 ・因為我運氣很好 ・真是幸福 ・不要想太多！
【自我決定感】 可以「自己做決定」的感覺 ・就這麼做	【自我有用感】 自己幫得上忙的感覺 ・謝謝 ・辛苦了

POINT

讓正向語言和行為深入潛意識

心理可劃分為顯意識與潛意識這兩個領域。顯意識就是人清醒時的意識，潛意識則是在無意識下按照本能所為的意識。潛意識隱藏著在顯意識下無法刻意為之的無限力量。當人一再聽到同一句話，這句話會形成一股力量深入潛意識中，使這句話成真，所以從嘴巴說出正向語言，就能讓事情往好的一面發展。

CARE 05

自我信賴感

心靜不下來時，安靜聆聽單調音樂放鬆一下

舒暢音樂可使大腦消除疲勞

心裡亂糟糟、做什麼事都無法專心……相信大家都有過這樣的經驗。**這種時候，建議大家安靜地聆聽旋律單調的音樂，不只能減輕壓力，也容易促使褪黑激素分泌；褪黑激素是非常重要的賀爾蒙，可使人擁有優質的睡眠。**

節奏舒服旋律固定的單調音樂，會讓呼吸和緩下來，能讓身心都獲得放鬆。其中又以沒有歌詞，充滿波浪、河流的大自然音樂或是音樂盒的聲音為佳。小睡片刻或是晚上就寢前聽聽這類的音樂，大腦就會消除疲勞，心情也會平穩下來。

容易釋出 α 波的音樂

α 波是當人感受到沉靜穩定時所發出的腦波，聽著合適的音樂放鬆時，就容易產生 α 波。

古典音樂

許多古典音樂都具有極佳的療癒效果，據說莫札特的樂曲，特別容易釋出 α 波，另外也十分推薦大家聆聽巴哈的《G 弦上的詠嘆調》。

大自然的聲音

據說海邊的波浪聲、河川的流水聲、樹葉隨風搖曳的聲響等，這些大自然的聲音所具備的頻率，會讓人充滿舒暢感。這類的療癒音樂，也容易釋出 α 波。

愛聽的歌曲

自己常聽，覺得「很好聽」的音樂，對自己而言就能帶來放鬆的效果。

自我決定感

CARE 06

先選好明天要穿的衣服，有助於展開充實地一天

事先決定好服裝，起床後的時間會更有效益

大家是否有過這樣的經驗，明明衣服多到不行，卻總是覺得「少一件衣服」、「不知道今天該穿什麼好」？其實，這是自我肯定感低落的警訊之一。**因為對自己沒什麼自信，才會擔心「這件衣服穿起來不好看」，不知道穿什麼才好。**為了避免這種情形，建議大家養成習慣，在前一天就選定明天要穿的衣服。

每天早上挑選衣服的行為，其實會造成超乎想像的負擔，在前一天先挑選好，減少早上煩惱的時間，就能提升自我效能感及自我決定感。另外，還可以事先選定一件關鍵時刻穿的衣服，這樣也會很有效果，擁有一件能讓自己充滿自信及勇氣百倍的衣服，就能讓整個人變得積極樂觀。

試試看！挑選好這一週要穿的衣服

每天早上挑選衣服，遠比想像得更花時間，還會造成心理負擔。最好前一天將衣服選好，或是事先一次挑好一週要穿的衣服來解決這種情形。

每週一次，準備七個衣架，事先將一週要穿的衣服挑選好，這樣就能大幅減少不知道穿什麼的時間。早上猶豫不決的時間減少後，自我效能感等六感就會提升。

POINT

建議穿「一套」就能解決的衣服

不擅長挑選衣服的人，最好選擇連身裙或是套裝這類「一套」就能解決的衣服來穿。盡量備妥四種款式，視當天的心情及天氣挑選自己喜歡的衣服。不用多傷腦筋就能輕鬆選好衣服，解決「今天該穿什麼」的壓力。

CARE 07

自我尊重感

事先將「犒賞自己的清單」列出來

當提不勁的時候，更要犒賞自己！

做什麼都提不起勁的原因，說不定是喪失生活的樂趣了。有時不如盡情地寵溺自己一下，當作是一種犒賞。

例如「讀完這些書之後，就去超商吃新推出的甜點」、「工作穩定之後，來個三天兩夜的小旅行」、「週末一口氣追完新上架的影集」，**事先將犒賞自己的清單列出來，打破日常生活的一成不變，藉此激發動力。**

這也算是一種刺激大腦的獎勵行為，可促使多巴胺分泌，讓人對必須努力完成的事情更有專注力，湧現精力。遇到「這週應該會很忙」、「主管交派的工作很棘手，感覺壓力有點大」的時候，更應該好好善用犒賞清單。

列出「犒賞清單」，會更有努力的動力

事先列好犒賞自己的清單，就會使人對於眼前必須努力完成的課題更有動力。

享受奢華的美食

品嚐奢華的午餐或晚餐，享受美好的時光。好好品嚐美食，讓幸福賀爾蒙釋放出來吧！

外出旅行

旅行可有效消除壓力。可以去想去的地方，或是去爬山等動態旅行。

一口氣追完連續劇

一口氣追完愛看的連續劇或電影也不錯。就算只是將想看的影片列出清單，也能激發出一個人的動力。

血拼購物

大腦會在購物的過程中，分泌出幸福賀爾蒙的多巴胺。不但情緒會變好，當擁有喜歡的物品之後，自我效能感也會提升。

CARE 08

自我接納感

安排「數位排毒」的時間，遠離智慧型手機

逐漸減少使用數位產品的時間

大家會不會有一種感覺，自己總是在滑手機、瀏覽社群媒體？心靜不下來，對自己沒有自信的時候，不妨試著遠離手機及電腦，進行「數位排毒」吧！

雖然社群媒體使用得當，會讓人充滿療癒感，但是用錯方法的話，就會使幸福感往下滑。舉例來說，很在意追蹤數以及按讚數，或是看到朋友發文的內容會心生嫉妒，這樣反而更有可能造成內心沮喪。

並不是要大家在日常生活中完全不接觸手機及電腦，而是要訂立規則，例如和朋友相處時或是睡前不要滑手機，逐漸增加遠離手機的時間就行了。

有效擺脫手機依存症的方法

手機對我們來說，是十分便利的用品，可是卻會讓人在不知不覺間引發「社群媒體疲勞」等情形。偶而應該安排一些時間，刻意讓自己遠離手機。

了解手機的使用時間

首先要確認一下自己通常會花多少時間滑手機。查看可確認裝置使用時間的功能，還要了解一下使用習慣等詳細資訊。

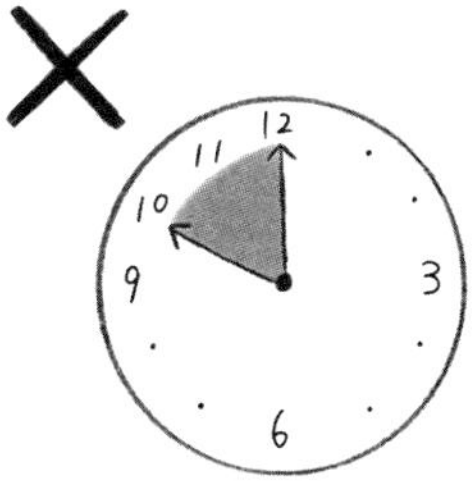

安排完全不用數位產品的時間

數位排毒有一個很重要的基本步驟，就是設定不使用數位產品的時間，並訂立一些原則，例如「在睡前兩小時關機」等。

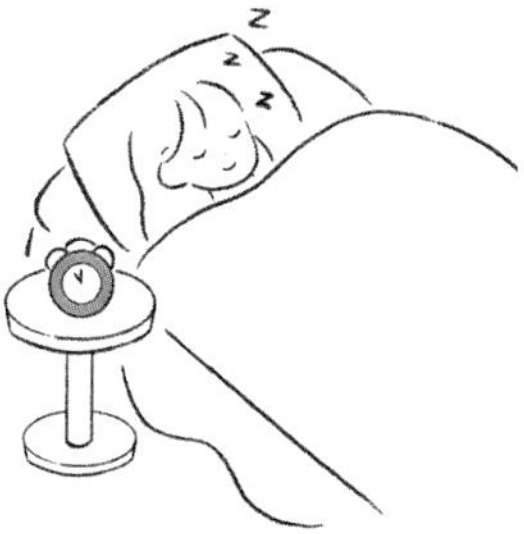

使用傳統鬧鐘

用手機取代鬧鐘，將手機帶進臥室之後，會導致手機依存症的風險升高，因此建議大家使用其他的傳統鬧鐘。

發掘其他的嗜好及興趣

越是沒事做的時候，人就越容易滑手機。不妨試著外出消磨時間，或是安排時間從事其他的嗜好活動，減少使用手機的機會。

CARE 09

自我效能感

享受「追星活動」，增加日常生活的趣味

從「追星」拓展交友圈，提升幸福感

每次觀賞連續劇、動漫或歌唱節目，會不會覺得「這個人好帥！」甚至想要「推薦給別人」的時候？

無論是偶像、演員、動漫主角、運動選手等各種對象，只要會讓你有這種感覺的人，對你來說就能稱作「追星」的對象，他的存在將能照亮你的內心，**使感覺無趣的每一天變得很快樂，工作更努力，心情更加開朗。**

透過追星活動加入社團認識同伴後，快樂會倍增。擁有志同道合的夥伴，會讓心情變得樂觀積極，肯定有助於提升幸福感。

「追星活動」下提高的欲望

「追星」是能豐富人生的活動，大家可以多多加開發自己的喜好。

關係性欲望	才能性欲望	自律性欲望
想要改善人際關係	想要成為優秀的人	想要自己的事自己決定

「追星活動」會讓人感到欣喜雀躍，藉此將使得「關係性欲望」、「才能性欲望」和「自律性欲望」這三種欲望提升。會想為自己做些什麼，並有助於擴展人際關係，使人生的幸福感提升。

CARE 10

自我接納感

留一段放空的時間，有效解除大腦疲勞

安排「不接收任何訊息」的時間

壓力會讓大腦疲勞，引發注意力無法持續、身體疲勞無法消除的情形。由腦科學研究提出的一項說法十分值得參考：注意力可持續九十分鐘的時間，最多至一百二十分鐘，當注意力明顯無法持續的時候，最好要休息一下，讓大腦放鬆。

人類的大腦會在無意識間關注許多事情，汲取資訊，因此疲勞會在不知不覺中一直累積。打電話與某人聯絡同時又看電視，光是如此，疲勞現象就會越來越嚴重。正因為如此，最重要的就是刻意空出「什麼都別去想」的時間，才能使注意力恢復。例如**好好地花時間泡泡澡**，**安排時間發發呆**，光是這樣就能讓大腦得到休息，使整個人煥然一新。

刻意安排放空的時間

對現代人來說，「什麼都別去想」其實是蠻困難的事情。以下有幾個「輕鬆就能發呆」的方法，來試試看吧！

閉上眼睛，放鬆地消磨時間

將眼睛閉上，阻斷眼睛看得見的訊息。把溫毛巾敷在眼睛上，就能讓自己放鬆下來。

凝視大自然風景的某一個點

生活忙碌沒時間外出的時候，只要盯著網路上的圖片，或是影片中大海、高山或森林等風景的某一個點即可，腦海中就不容易出現多餘的想法。

疲累的日子，在通勤時別做任何事

工作繁忙疲累不堪的那一天，搭車回家途中應避免滑手機或看書，最好什麼事都別做，光是這樣就能讓大腦獲得休息。

CARE 11

自我尊重感

將書中喜歡的句子，謄寫在筆記上

寫下喜歡的句子，重新檢視自己

看書或漫畫時，會不會出現難忘的句子或是撼動內心的台詞呢？例如會因此形成全新價值觀的句子，令人感嘆「原來還有這樣的觀點」，或是會讓人感覺「精神湧現」的句子等。只要發現讓你印象深刻的句子，請試著寫在筆記上。

像這樣試著再次將句子寫下來之後，就能深入了解自己的想法，明白自己為什麼會喜歡上這句，或是自己從中體會到怎樣的感受。藉由這種方式獲得的信念，也會成為自己的人生指針，自我肯定感便會提升。遇到難過的事、情緒低落時，一定會成為激勵自己的強力後盾。

寫下喜歡的句子，讓心情平靜下來

你有喜歡的書、電影、動漫、歌曲嗎？在這當中會造成你內心回響的句子，將成為一個轉機，幫助你脆弱的心靈恢復平靜。

感覺自我肯定感下滑，沒有精神時，不妨將喜歡的句子寫在筆記上。書寫的過程中，會讓你正視自己的問題，還能深深烙印在記憶中。

ADVICE

發出聲音、唸出來也很好

十分推薦大家發出聲音，將喜歡的句子唸出來。因為正向語言的訊息會經由閱讀從眼睛吸收，發出聲音後會從耳朵吸收，可有效提升自我尊重感，請大家當作切換心情的開關，試著做做看。

CARE 12

自我接納感

心情沮喪時，買束花給自己

看著花，幸福感就會高漲

從心理學的觀點已經證實，花能夠帶來幸福的感覺。經由美國某大學的研究實驗，分析一般人收到禮物後的表情，發現所有人收到花束之後，都會由衷感到喜悅而笑顏逐開。還有研究證實，當人看到花朵後，主掌休息及放鬆的副交感神經會變得活躍起來。

提不起精神的日子，還有心情沮喪的時候，不如買些喜歡的花裝飾一下屋裡，當作送給自己的禮物，讓內心平靜下來。另外，也十分推薦大家每個月一次，買些當季盛開的花朵裝飾家裡，好好欣賞美麗的花朵，享受季節的變化會刺激五感，藉此即可有效緩和負面情緒。

充滿花朵的日子，讓日常生活更多彩多姿

花朵會讓所有人喜笑顏開。送花給自己，或是送花給其他人，讓幸福的渲染力拓展出去。

送花給自己

看著花，人的心情就會開朗起來。在特別的日子送花給自己，藉由增加幸福感來提升自我肯定感。

在鏡子前擺上一束花

看著鏡子裡的自己時，有時會很在意感到自卑的部位而心情沮喪，負面的評價代表自我肯定感下滑了。這種時候，可以試著將花放在鏡子照得到的地方。花朵的美麗與光采，會連同自己一起映入眼簾，讓自己切換成正向思考。

亮晶晶的咒語

打起精神的一句魔法

掌握住「語言」可以提升自我肯定感的重要關鍵，在這篇特別附錄中，會舉出幾個不同的情境，將特別希望大家養成口頭禪的「魔法句子」列出來。

01

在一天的開始

「好好享受今日！」

早起洗完臉後，一面看著鏡中的自己，一面說「好好享受今日！」讓一天有個心情舒暢的開始！

02

陷入自我厭惡時

「沒關係！」

告訴自己「沒關係」。對自己說出正向的話，讓正向語言逐步滲透到潛意識裡，自我肯定感就會提升。

03

獨自一人，
卻在意外界觀感而惶惶不安時。

「一個人最棒！」

平時應安排時間，關心自己的內在。在一個人獨處的時間告訴自己：「一個人最棒！」自主性就會升高。

04

感到有些不安時

「船到橋頭自然直！」

出現不安、擔心或恐懼的感覺時，將「船到橋頭自然直！」當作口頭禪，庸人自擾的情形就會減少，讓心情變輕鬆。

05

無法擺脫煩惱時

「算了吧！」

這句魔法咒語能讓內心變得從容自在。將煩惱及不安當作暫時的現象，就能讓自己樂觀看待。

68 個身心照護練習，

天天清理負面的情緒，

提醒並認同自己「已經很棒」了！

富能量 050

自我肯定的情緒清理練習

68 個強化心理、轉念思考的練習，結合腦科學原理，學會設下界限、保持身心安定的自我照護提案

作　　者：中島輝
譯　　者：蔡麗蓉
責任編輯：賴秉薇
編輯協力：楊心怡
封面設計：張 嚴
內文設計、排版：王氏研創藝術有限公司

總 編 輯：林麗文
副 總 編：梁淑玲、黃佳燕
主　　編：高佩琳、賴秉薇、蕭歆儀
行銷企畫：林彥伶、朱妍靜

社　　長：郭重興
發行人兼出版總監：曾大福
出　　版：幸福文化／遠足文化事業股份有限公司
地　　址：231 新北市新店區民權路 108-1 號 8 樓
網　　址：https://www.facebook.com/
　　　　　happinessbookrep/
電　　話：（02）2218-1417
傳　　真：（02）2218-8057

發　　行：遠足文化事業股份有限公司
地　　址：231 新北市新店區民權路 108-2 號 9 樓
電　　話：（02）2218-1417
傳　　真：（02）2218-1142
電　　郵：service@bookrep.com.tw
郵撥帳號：19504465
客服電話：0800-221-029
網　　址：www.bookrep.com.tw

法律顧問：華洋法律事務所　蘇文生律師
印　　刷：中原造像股份有限公司
電　　話：（02）2226-9120
初版一刷：2022 年 11 月
定　　價：360 元

Printed in Taiwan 著作權所有侵犯必究
【特別聲明】有關本書中的言論內容，不代表本公司／出版集團之立場與意見，文責由作者自行承擔

JINSEI GA KAWARU ! JIKOKOUTEIKAN WO TAKAMERU KOKORO NO SELF CARE TAIZEN
byTeru Nakashima
Copyright © 2022 by Teru Nakashima
Original Japanese edition published by Takarajimasha, Inc.
Traditional Chinese translation rights arranged with Takarajimasha, Inc.
through Keio Cultural Enterprise Co., Ltd., Taiwan.
Traditional Chinese translation rights © 2022 by Happiness Cultural Publisher, an imprint of Walkers Cultural
Enterprise Ltd.

國家圖書館出版品預行編目資料

自我肯定的情緒清理練習：68 個強化心理、轉念思考的練習，結合腦科學原理，學會設下界限、保持身心安定的自我照護提案 / 中島輝著；蔡麗蓉翻譯 . – 初版 . -- 新北市：幸福文化出版：遠足文化事業股份有限公司發行，2022.11
面；　公分
ISBN 978-626-7184-46-2(平裝)
1.CST: 自我肯定 2.CST: 自我實現 3.CST: 生活指導
177.2　　　　　　　　　　　　　　　　　　　　　111016538